JN080123

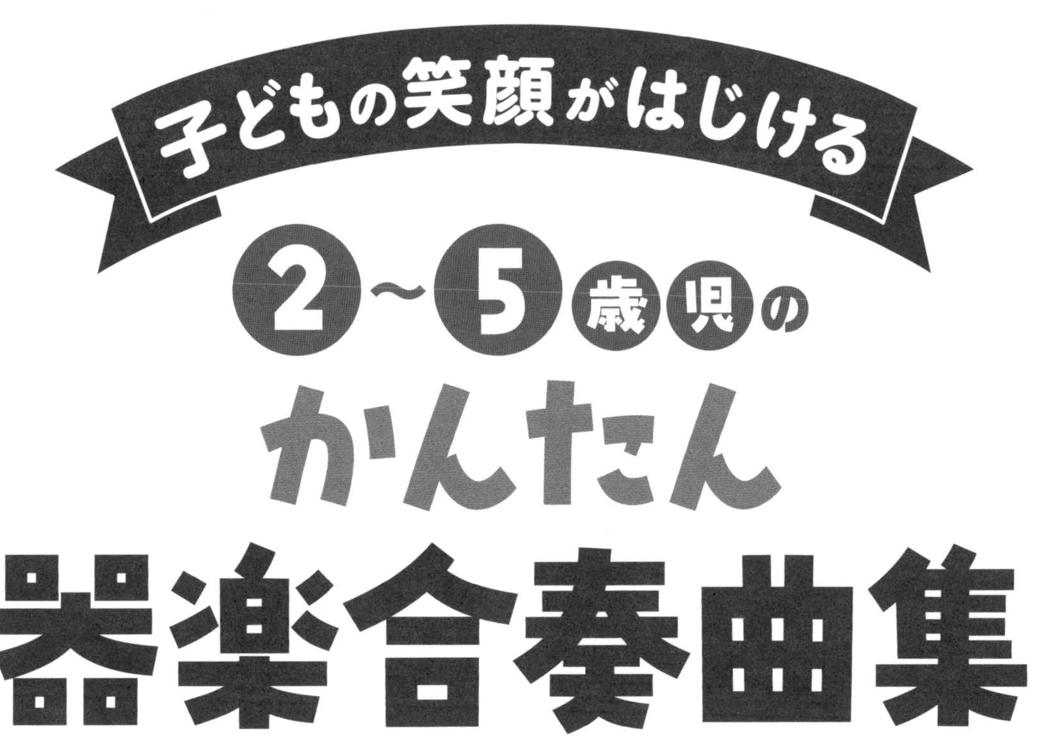

監修　土屋真仁

ナツメ社

目次 & 使用楽器 早見表

曲名さくいん……………………………4

本書の見方……………………………5

器楽合奏の進め方……………………………6

楽器の使い方……………………………8

♪鈴　♪カスタネット　♪タンブリン
♪トライアングル　♪小太鼓　♪大太鼓
♪ウッドブロック　♪シンバル　♪鉄琴・木琴
♪鍵盤ハーモニカ

2歳児	鈴	カスタネット	タンブリン	トライアングル	小太鼓	大太鼓	ウッドブロック	シンバル	鉄琴	木琴	鍵盤ハーモニカ
ぶんぶんぶん……14	●										
いとまきのうた……16		●									
かたつむり……18	●	●									
どんぐりころころ……20	●	●									
さんぽ……22	●	●									
きのこ……25	●	●	●								
むすんでひらいて……28	●	●	●								
ふしぎなポケット……31	●	●	●								

3歳児	鈴	カスタネット	タンブリン	トライアングル	小太鼓	大太鼓	ウッドブロック	シンバル	鉄琴	木琴	鍵盤ハーモニカ
やぎさんゆうびん……34	●	●	●								
となりのトトロ……37	●	●	●								
アンパンマンのマーチ……41	●	●	●								
とんでったバナナ……46	●	●	●								
エビカニクス……49	●	●	●								
幸せなら手をたたこう……53	●	●	●	●	●	●					
おもちゃのチャチャチャ……56	●	●	●	●	●	●					
ぼよよん行進曲……60	●	●	●	●	●	●					
エンターテイナー……67	●	●	●	●	●	●					

4歳児

曲名	ページ	鈴	カスタネット	タンブリン	トライアングル	小太鼓	大太鼓	ウッドブロック	シンバル	鉄琴	木琴	鍵盤ハーモニカ
おなかのへるうた	74	●	●	●	●	●	●					
昔話メドレー	77	●	●	●	●	●	●					
よろこびのうた	83	●	●	●	●	●	●					
世界中のこどもたちが	89	●	●	●	●	●	●					
ありがとうの花	94	●	●	●	●	●	●					
手のひらを太陽に	99	●	●	●	●	●	●	●				
あおいそらにえをかこう	103	●	●	●	●	●	●	●	(●)	●	●	●
君をのせて	107	●	●	●	●	●	●	●	(●)			●
線路は続くよどこまでも	114	●	●	●	●	●	●	●	(●)	●	●	●
花のワルツ「くるみ割り人形」より	118	●	●	●	●	●	●	●	(●)	●	●	●

5歳児

曲名	ページ	鈴	カスタネット	タンブリン	トライアングル	小太鼓	大太鼓	ウッドブロック	シンバル	鉄琴	木琴	鍵盤ハーモニカ
そうだったらいいのにな	126	●	●	●		●	●			●	●	●
ジグザグおさんぽ	130	●	●	●	●	●	●			●	●	
天国と地獄	135	●	●	●		●	●	●		●		●
みんなともだち	140	●	●	●	●	●	●			●	●	●
美しき青きドナウ	146	●	●	●	●	●	●	●		●	●	●
銀河鉄道999	151	●	●	●	●	●	●			●	●	●
風になりたい	159	●	●	●	●	●	●	●		●	●	●
きみのこえ	166	●	●	●	●	●	●	●	●	●	●	●
はじめの一歩	172	●	●	●	●	●	●	●	●	●	●	●
ひまわりの約束	179	●	●	●	●	●	●	●	●	●	●	●

ひとつの曲を各年齢で

曲名	ページ	鈴	カスタネット	タンブリン	トライアングル	小太鼓	大太鼓	ウッドブロック	シンバル	鉄琴	木琴	鍵盤ハーモニカ
おつかいありさん(2～3歳児)	186	●	●	●								
おつかいありさん(4～5歳児)	188	●	●	●		●	●			●	●	●
にじ(2～3歳児)	191	●	●	●								
にじ(4～5歳児)	197	●	●	●	●	●				●	●	
ぼくのミックスジュース(3歳児)	204	●	●	●	●							
ぼくのミックスジュース(5歳児)	207	●	●	●	●	●	●	●	(●)	●	●	
カエデの木のうた(2～3歳児)	211	●	●	●		●						
カエデの木のうた(4～5歳児)	217	●	●	●	●	●	●	●	(●)	●	●	●

曲名さくいん

あ

あおいそらにえをかこう……103 4歳児
ありがとうの花……94 4歳児
アンパンマンのマーチ……41 3歳児
いとまきのうた……16 2歳児
美しき青きドナウ……146 5歳児
エビカニクス……49 3歳児
エンターテイナー……67 3歳児
おつかいありさん……186 2～3歳児
おつかいありさん……188 4～5歳児
おなかのへるうた……74 4歳児
おもちゃのチャチャチャ……56 3歳児

か

カエデの木のうた……211 2～3歳児
カエデの木のうた……217 4～5歳児
風になりたい……159 5歳児
かたつむり……18 2歳児
きのこ……25 2歳児
きみのこえ……166 5歳児
君をのせて……107 4歳児
銀河鉄道 999……151 5歳児

さ

さんぽ……22 2歳児
幸せなら手をたたこう……53 3歳児
ジグザグおさんぽ……130 5歳児
世界中のこどもたちが……89 4歳児
線路は続くよどこまでも……114 4歳児
そうだったらいいのにな……126 5歳児

た

手のひらを太陽に……99 4歳児
天国と地獄……135 5歳児
となりのトトロ……37 3歳児
どんぐりころころ……20 2歳児
とんでったバナナ……46 3歳児

な

にじ……191 2～3歳児
にじ……197 4～5歳児

は

はじめの一歩……172 5歳児
花のワルツ「くるみ割り人形」より……118 4歳児
ひまわりの約束……179 5歳児
ふしぎなポケット……31 2歳児
ぶんぶんぶん……14 2歳児
ぼくのミックスジュース……204 3歳児
ぼくのミックスジュース……207 5歳児
ぼよよん行進曲……60 3歳児

ま

みんなともだち……140 5歳児
昔話メドレー……77 4歳児
むすんでひらいて……28 2歳児

や

やぎさんゆうびん……34 3歳児
よろこびのうた……83 4歳児

本書の見方

**この本は、保育者の方が使いやすいような工夫がいっぱい。
発表会に向けて、是非お役立てください。**

年齢別に紹介

使いやすいように２～５歳児の年齢別に掲載しています。

- ２歳児…………８曲
- ３歳児…………９曲
- ４歳児………10曲
- ５歳児………10曲
- 異年齢…………８曲 **計45曲**

難易度は３段階

曲選びをする際の参考にしてください。

全曲 QR コードつき！

すべての曲にピアノ伴奏と模範演奏を収録。QR コードから当社 YouTube チャンネルにリンクしています。すぐに聞くことができるので、参考にしてください。聞きたい方の QR コードを読み込んでください。

QRコードから…
カンタンだわ

4 歳児

おなかのへるうた

作詞♪阪田寛夫　作曲♪大中 恩

演奏時間 約50秒

難易度 ★☆☆

模範演奏　ピアノ伴奏

楽器編成の目安（30人の場合）

鈴	8人
カスタネット	8人
タンブリン	7人
トライアングル	4人
小太鼓	2人
大太鼓	1人

ねらい

- 物語性のあるユーモラスな曲を楽しむ。
- 楽器が多いので、友達の音にも耳をすませる。

演奏のポイント

ピアノは♫と記しましたが♪♪の感じです。全体的に３連符のリズムを感じながら演奏してください。

合奏指導の進め方

❶ 鈴のパート

最後まで をきざみます。土台となるリズムですので、一定のテンポを保ちましょう。

❷ タンブリン、カスタネットのパート

タンブリンは をくり返します。後半は、カスタネットの をよく聞いてあわせます。

❸ トライアングルのパート

イントロのみ 、５小節目からは の２小節パターンをくり返します。

❹ 小太鼓、大太鼓のパート

13小節目から入ります。 小太鼓は速くなりがちなので気をつけます。

74

♫おなかのへるうた

楽しそうに ♩=112

一定のテンポを保ちましょう

カスタネットとタンブリンは交互に鳴らします

小太鼓 大太鼓は8小節間お休みです

Cとぼけた感じで

３連符はおちついて弾きましょう

ヘ音記号に注意

最初はト音記号です

ソはタイです

同じ音です

カスタネットは１小節に２拍鳴らします

小太鼓と大太鼓は交互に鳴らします

75

練習の進め方もすぐに分かる

どう練習を進めていけばいいのか、分かりやすく紹介しています。

使用楽器をグラフで表示

どの楽器に何人くらい必要かをグラフで表示。楽器の割合が確認できます。

楽譜にはコメントつき

間違えやすい箇所や、注意して演奏するところにコメントを入れています。

失敗しない 器楽合奏の進め方

1 曲を決める

子どもがよく知っている曲、なじみのある曲を選びましょう。参加する人数、楽器の種類や数も把握して決めます。

クラス単位の演奏、学年の演奏

園にある楽器の数

子どもの好きな曲、流行っている曲

2 音源を流す

曲が決まったら子ども達が親しめるように、登園時や食事の際のBGMとして流しましょう。

食事中は、やや小さめに流そう

登降園時に流して、保護者にも認知してもらう

3 導入遊び

子どもは音楽が大好きです。合奏する前に「楽器に触ること」と「リズム遊び」。この2つを経験することが大切です。十分に時間を取りましょう。

❶ 楽器に触れよう

グループに分かれて、楽器に触ってみる

正しく持って弾いてみよう

❷ リズムで遊ぼう

ピョン 𝄽 ピョン

「うさぎ・(休み)・うさぎ」など体で表現しよう

う・◯・ぎ
パン・ウン・パン

「うさぎ」の３文字の言葉を手拍子してみよう

みんなに発表するまでの進め方は、子どもが楽しく主体的にできるのが一番です。ここでは主に４～５歳児の進め方を例にとって説明します。

4 担当する楽器を決める

できるだけ子どもの「やりたい」を尊重して担当楽器を決めます。どの楽器にも素敵な音色がありみんなで演奏する楽しさを伝えます。

できるだけ子どもの自主性を尊重する

それぞれの楽器の大切な役割を話す

5 パートごとの練習

楽器ごとに分かれて練習をします。最初は保育者と一緒に、基本のリズムを手拍子などしてみましょう。

打楽器パート

基本のリズムをまず手や足で覚えよう

鍵盤楽器のパート

「ドレミ」の音階でうたってみよう

6 全体での練習

パートごとの練習が進んだら、いよいよあわせてみます。最初はゆっくり長い曲なら分けてもいいでしょう。

楽器ごとに演奏をする

ピアノ伴奏にあわせて、すべての楽器で演奏する

本番

正しく持とう

楽器の使い方

楽器に触れることは、どの子どもにとっても楽しみなもの。
ここでは正しい構えと持ち方をわかりやすく解説していきます。

鈴

手に持ちやすく、1 歳児からでも鳴らせる楽器です。
その分触れただけですぐに音が鳴るので、注意も必要です。

構えと持ち方

楽器の丸い輪をしっかり握ります。

利き手と反対の手で鈴を握ります。
おへそのあたりに構えます。

打ち方

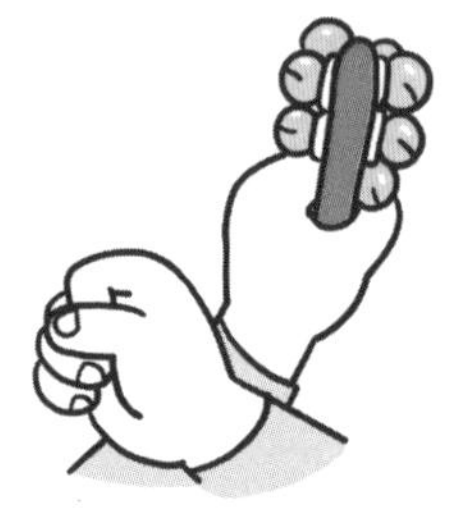

鈴を握った手首のあたりをこぶしで軽く叩きます。楽器を持っている手は動かしません。

こんな音も出せる！

鈴を持った手を上げて、軽く振ります。切れ目のない音になります（トレモロ奏法)。

カスタネット

手の平に置いて叩く、シンプルな楽器です。
子どもの合奏にはかかせません。

構えと持ち方

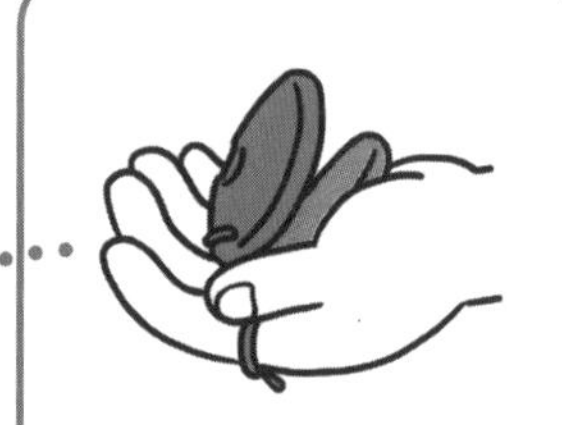

楽器を持った手は軽く丸めます。

利き手と反対の手の平に、赤を下にして置きます。中指または人さし指にゴムを通して持ちます。おへそのあたりに構えます。

打ち方

利き手の指先をそろえて、4 本の指の腹で弾ませるように軽く叩きます。

こんな音も出せる！

弱い音を出したいときは、指先 2 本で軽く叩きます。

タンブリン

鈴と太鼓風の２つの音色が楽しめる楽器です。
叩く、振るなどの奏法が楽しめます。

構えと持ち方

タンブリンの皮の端に親指をのせ、残り４本は木枠をつかみます。

利き手と反対の手で持ちます。胸の下あたりに床と水平に構えます。

NG 木枠に空いている穴には、指を入れません。スタンドに立てるための穴です。

打ち方

利き手を柔らかく曲げて、指の腹で叩きます。

こんな音も出せる！

タンブリンを床と垂直に構え、手首を小刻みに動かすと鈴の音色に（トレモロ奏法）。

トライアングル

澄んだ高い音が出る金属製の楽器。
ゆらゆらするので正しく持ちましょう。

構えと持ち方

ひもの長さは手を握った際に、トライアングル本体に触れるくらいに調節します。ひもが長いとぐるぐる回ってしまいます。

利き手と反対の手の人さし指にひもの輪を通します。利き手にばちを軽く持ちます。トライアングルが見える胸の高さあたりに構えます。

打ち方

三角形の底辺の真ん中あたりを軽く叩きます。棒が垂直になるように叩きます。

音の消し方

楽器を持っている手で上部を握ると、音が消えます。

こんな音も出せる！

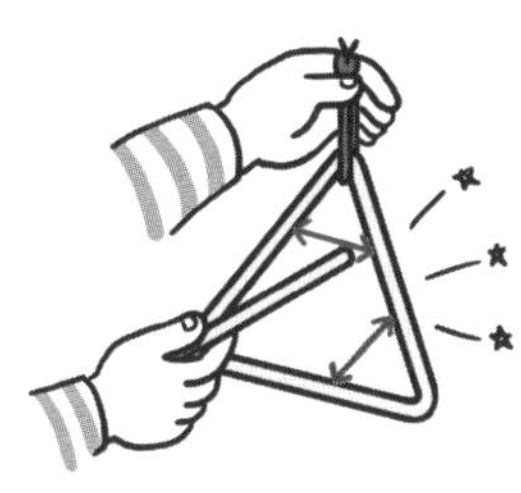

三角形の２辺（切れ目のない角）を素早く往復させて打つと、連打奏法になります（トレモロ奏法）。

小太鼓

ばちで叩いて音を出す太鼓。
スタンドを使用するので、演奏する子どもの高さにあわせます。

構えと持ち方

親指をばちの上にのせて、残りの指で握るように持ちます。力を入れずに軽く持ちます。

叩く面がおへその下あたりになるように、高さを調節します。両手でばちを握ります。

打ち方

基本的には太鼓の真ん中を左右交互に叩きます。

こんな音も出せる！

弱い音を表現したいときには、太鼓の端寄りを叩きます。

大太鼓

合奏楽器の中で一番低い音がでます。
残響音が長いので音を消しながら演奏することもあります。

構えと持ち方

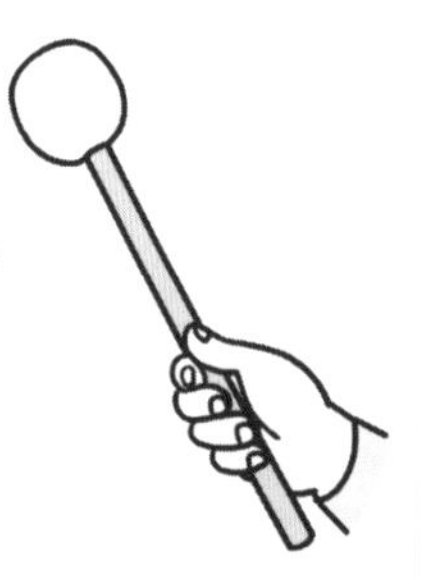

ばちの端を少し余らせて持ちます。利き手の親指を柄の上にのせて、残りの指で握るように持ちます。

片足を少し前に出し、その足に重心をかけて打ちます。

打ち方

叩く面の斜め上からばちを打ち下ろします。太鼓の中央付近を打ちます。

音の消し方

叩いた面の裏を手でおさえます。裏に手が届かない場合は、叩いた面をおさえましょう。

ウッドブロック

木製の楽器です。軽くて持ちやすく木製ならではの軽快な音が特徴です。

構えと持ち方

楽器の端を少し余らせて持ちます。

利き手と反対側の手で楽器を握ります。利き手でばちを持ち胸のあたりに構えます。

打ち方

右側が高音、左側が低音です。持ち手は動かさずにばちで叩きます。

こんな音も出せる！

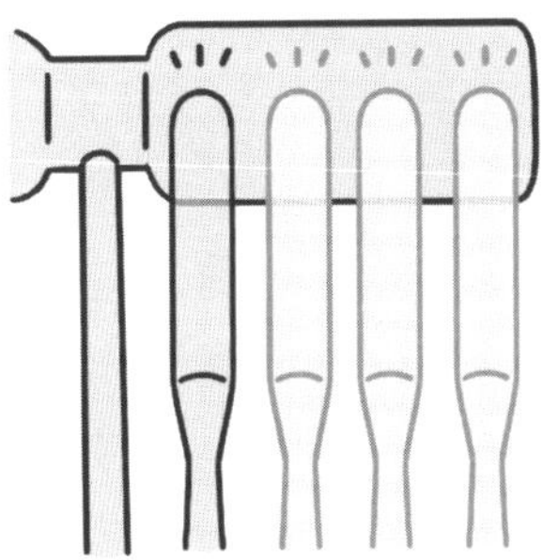

外側にいくほど高い音がでます。いろいろな場所を叩いてみましょう。

シンバル

丸い金属板を合わせて音を出します。
重たいので、持ち手をしっかり握ってから持ち上げます。

構えと持ち方

シンバルを下に向けて、持ち手の輪をそのまま握ります。

音の消し方

打ち合わせた後に、自分の体につけると響きが止まります。

足をやや開いた体勢で、両手に持ちます。

打ち方

シンバルを合わせて、少し開いたところから、左右をこすり合わせるように打ち合わせます。

こんな持ち方もあるよ！

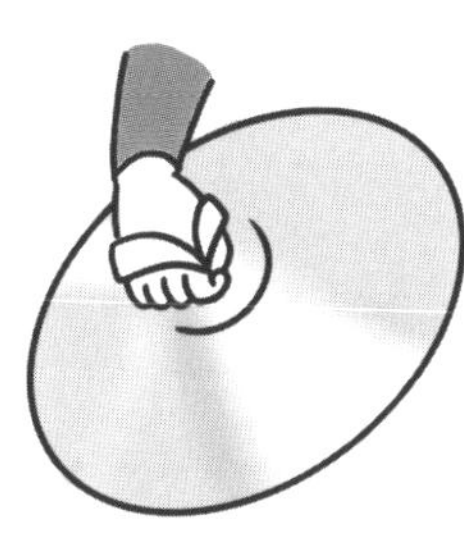

持ち手の輪に手首を通して、親指と人さし指で持ち輪の根本をしっかり握ります。

鉄琴・木琴

鉄琴・木琴は素材の違いで、どちらも音階順に並んでいます。ばちで叩いて音を出します。

構えと持ち方

子どもの腰の高さに楽器をあわせます。立つ位置は、ばちを持ってひじを自然に曲げたとき、ばちの先が鍵盤の真ん中にくるように。

ばちの半分より下あたりを親指と人さし指で持ち、残りの指を添えるようにして軽く持ちます。ぎゅっと握らないように。

楽器に近すぎるとひじが引き過ぎて、叩きづらくなります。

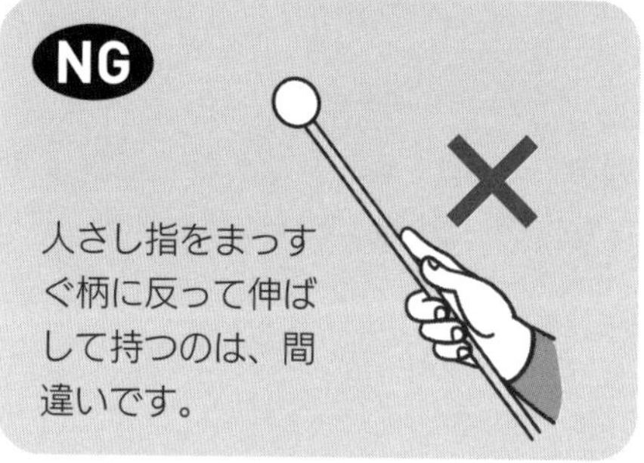

人さし指をまっすぐ柄に反って伸ばして持つのは、間違いです。

打ち方

手首を柔らかくして左右交互に打ちます。
むずかしいようなら片手のみでも構いません。

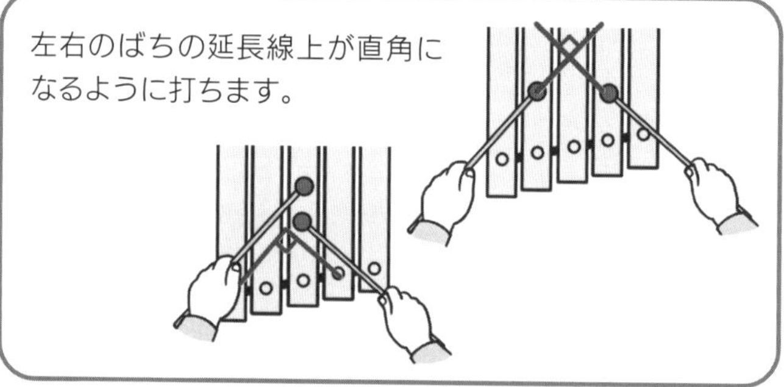

左右のばちの延長線上が直角になるように打ちます。

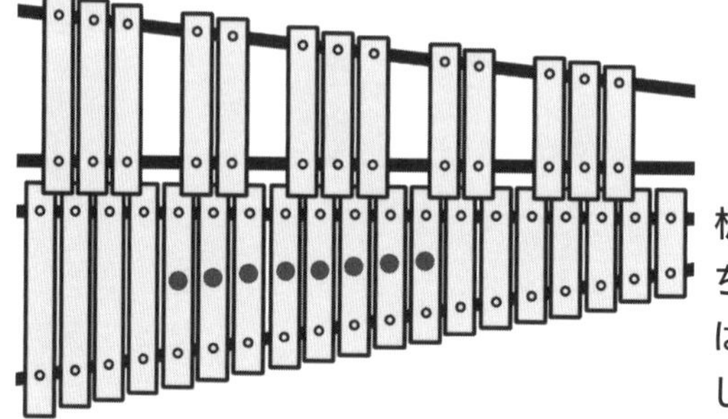

板の真ん中を軽く打ちます。あまり上にはね過ぎないようにします。

鍵盤ハーモニカ

音階のある楽器です。ホースに息を吹き込みながら鍵盤を弾きます。

吹く前に

まずホースに息を入れるための練習です。「トゥー（tu）」と発音してみます。この「トゥー、トゥー」をハッキリくり返し言いましょう。舌の動きを意識します。この口の形でホースに息を吹き込みます。

鍵盤

ドレミの位置を教えます。覚えるのが難しいときは、鍵盤にシールを貼るのもよいでしょう。手の形は、軽く曲げたねこの手に。

構えと吹き方

楽器を机などに置きます。子どものお腹の位置あたりになるようにします。ホースをさして口を「トゥー」の形にして息を吹き込み、鍵盤を弾きます。最初は音階だけ、くり返し弾いてみましょう。

ホースの確認

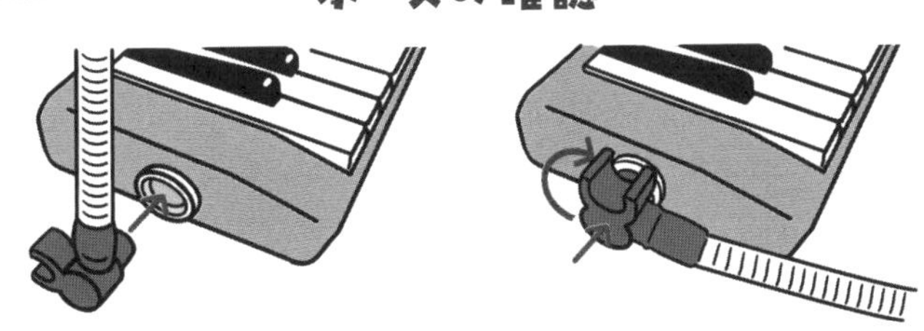

途中でホースが抜けないよう、ジョイント部分に押しながら回すように装着します（メーカーによって違う場合もあります）。

こんな持ち方も！

縦に持って演奏する場合もあります。裏側のベルトに手を入れてしっかり楽器を支えて持ちます。

ぶんぶんぶん

訳詞♪村野四郎　ボヘミア民謡

演奏時間 約40秒

難易度 ★☆☆

模範演奏

ピアノ伴奏

楽器編成の目安（20人の場合）

鈴 …………… 20人

ねらい

- 楽器を鳴らしてみんなと合奏する楽しさを感じる。
- リズムをあわせる心地よさを体験する。

演奏のポイント

ピアノの前奏はかわいらしく、合奏に導きます。シンプルなリズムなので、うたいながら演奏してもよいでしょう。

合奏指導の進め方

❶ うたいながら２拍子を体で感じましょう

体を揺らすなど、リズムを感じてうたいます。

❷ 手拍子をしながらうたってみましょう

うたいながら拍にあわせて手を叩きます。
速くならないように、最後までおちついて演奏しましょう。

❸ 楽器を持って演奏しましょう

リズムを覚えたら、手拍子のイメージで楽器を鳴らしてみましょう。

♫ぶんぶんぶん

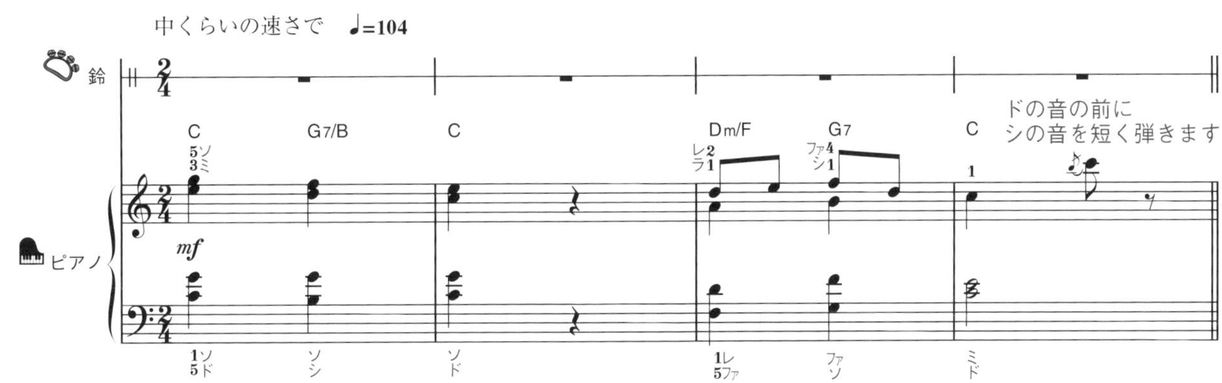

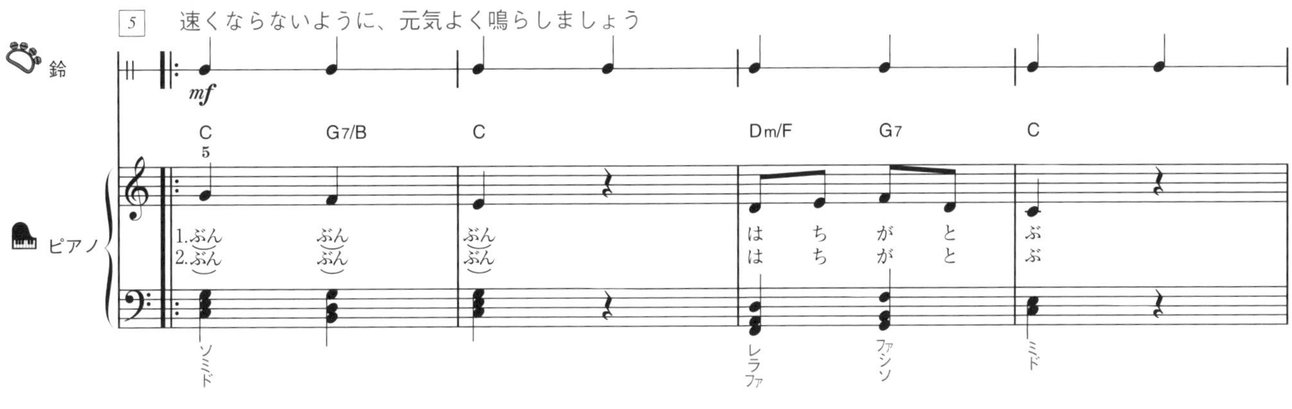

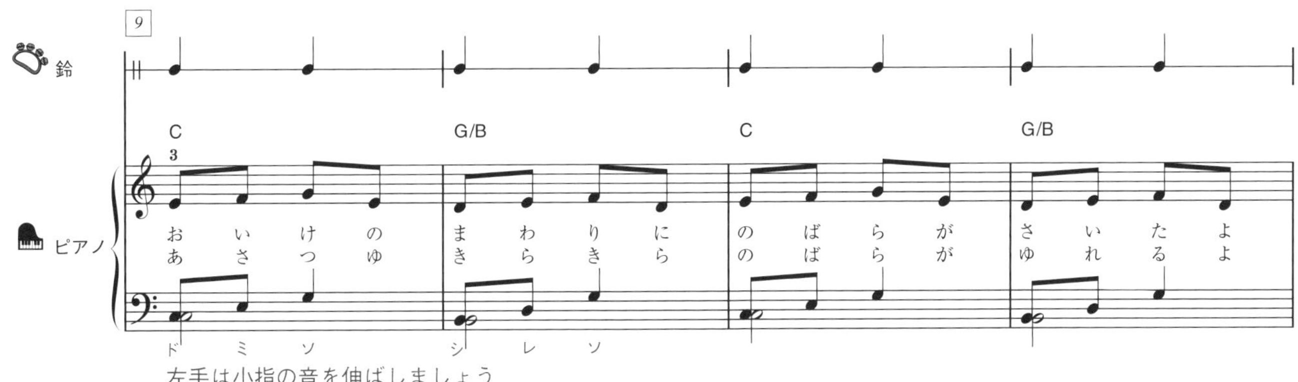

2歳児 ぶんぶんぶん

いとまきのうた

訳詞♪不詳　デンマーク民謡

演奏時間 約35秒

難易度 ★☆☆

模範演奏

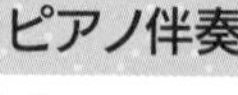

楽器編成の目安（20人の場合）

カスタネット……20人

ねらい

- 決まったパターンのリズムをくり返し楽しむ。
- ピアノのメロディーをよく聞いて演奏する。

演奏のポイント

「いとまき」の糸を巻く、糸を引くを教えます。4小節で1セットのリズムを楽しみましょう。前奏の2小節は省略しても。

合奏指導の進め方

❶ まず手拍子しながらうたいましょう

ゆっくり「タンタン / タンタン / タンタン / タタタン」と叩きます。

❷ 楽器を持って演奏しましょう

8、12、16小節目の「タタタン」の部分だけ、練習してみます。

❸ 4小節分のリズムパターンを演奏しましょう

慣れてきたらピアノにあわせて、5～8小節目まで演奏してみよう。

＊楽器を2つにして楽しんでも

カスタネットのリズムを鈴に置きかえ、カスタネットを1拍目だけにして演奏してもよいでしょう。

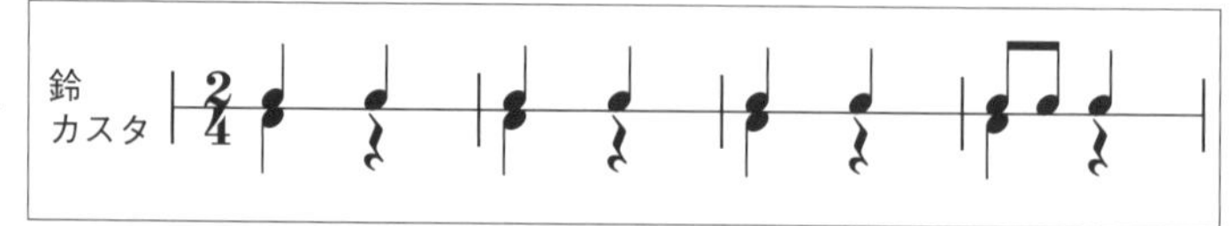

♫いとまきのうた

生き生きと♩=100
カスタネット
ピアノ
最初の２小節はカットしてもよいです
左手小指少し強めに
弾くとよいでしょう
ピアノにあわせて
叩きましょう
カスタ
いとまきまきき　いとまきまきき　ひいてひいて　トントントン
でーきた　できた　こびとさんの　おくつ
２回くり返します
最後の小節のみ左手和音
ドの音が入ります

かたつむり

文部省唱歌

演奏時間 約40秒

難易度 ★★☆

模範演奏 ピアノ伴奏

楽器	人数
鈴	10人
カスタネット	10人

ねらい

- 違う楽器と一緒に合奏する楽しさを感じる。
- かたつむりを思い浮かべながら、ゆっくりしたリズムを楽しむ。

鈴もカスタネットもシンプルなリズムです。ピアノの伴奏にあわせて、一定のテンポで演奏しましょう。

合奏指導の進め方

❶ 2つの楽器のリズムを手拍子しましょう

鈴は 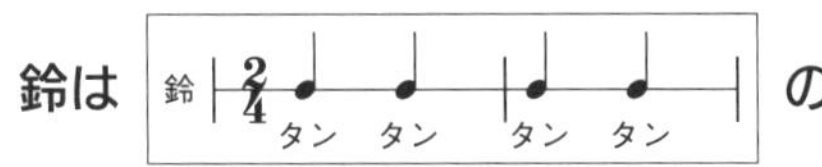 のリズムを最後まで保ちます。

カスタネットは 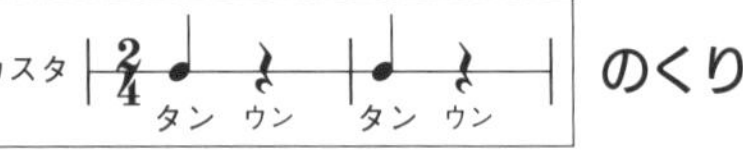 のくり返しです。

❷ 歌にあわせながら演奏しましょう

楽器ごとに、速くならないように一定のテンポで演奏します。

❸ 2つの楽器をあわせて演奏しましょう

まず4小節分を練習しましょう。
友達の音を聞きながら演奏します。

♫かたつむり

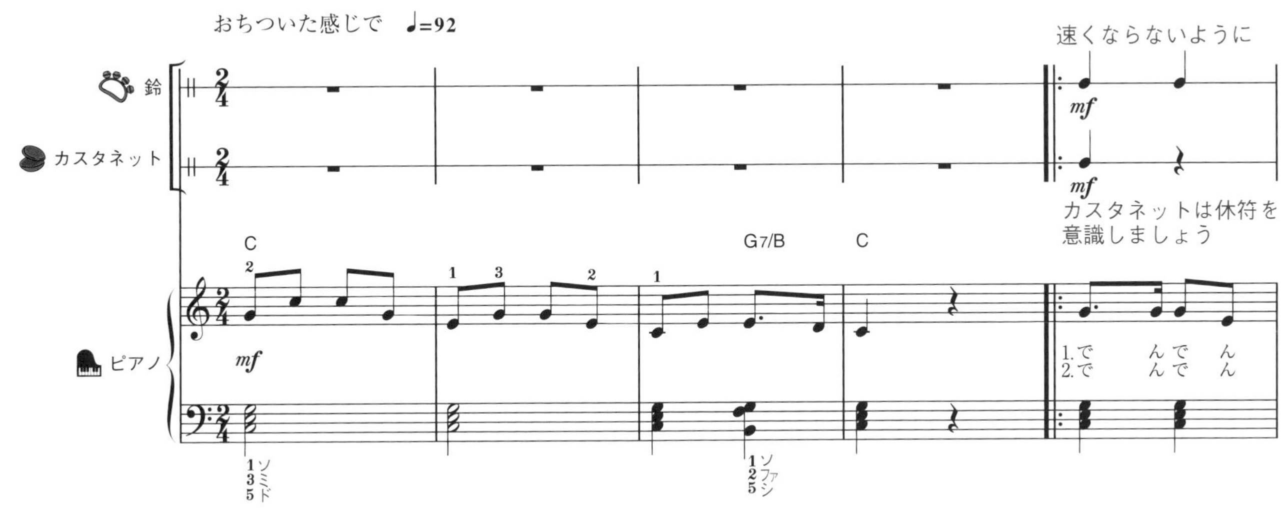

2歳児 かたつむり

2歳児 どんぐりころころ

作詞♪青木存義　作曲♪梁田　貞

演奏時間 約40秒

難易度 ★★☆

模範演奏

ピアノ伴奏

楽器編成の目安（20人の場合）

楽器	人数
鈴	10人
カスタネット	10人

ねらい

- シンプルなリズムパターンを元気よく演奏する。
- 鈴とカスタネットのかけあいを楽しむ。

演奏のポイント

鈴のリズムパターンを身につけます。最後は一緒に演奏するので、しっかりと友達の演奏を聞いて合奏しましょう。

合奏指導の進め方

2/4拍子ですが、子どもが演奏しやすいように、8分音符を「タン」で表現しています。

❶ 8分音符のリズムパターンです 3、5、7小節目

交互に演奏するリズムパターンです。カスタネットは拍の頭を意識して演奏し、鈴はあせって飛び出ないようにしましょう。

この２つのリズムをあわせて、２小節で１パターンのリズムになります。

❷ 4、6、8小節目

カスタネットは、１拍目の頭だけであることに注意しましょう。鈴はカスタネットの音以外の３回を叩きます。
３小節目「ウンタンウンタン」と4小節目「ウンタンタンタン」の違いをしっかり練習しましょう。

❸ 9、10小節目

「いっしょにあそびましょう」は、元気よく演奏しましょう。
これまでと違い、鈴とカスタネットが同じリズムを叩きます。

♫どんぐりころころ

元気よく ♩=60
2小節で1パターンのリズムです
鈴
カスタネット
ピアノ
鈴とカスタネットは交互に鳴らします
オクターブがむずかしい場合は
上の音だけでもよいです
1. どんぐりころころ
2. どんぐりころころ
どんぶりこ
よろこんで
おいけにはまって
しばらくいっしょに
さあたいへん
あそんだが
どじょうがでてきて
やっぱりおやまが
この2小節は全員で同じリズムを叩きます
1拍目遅れないように
こんにちは
こいしいと
ぼっちゃんいっしょに
ないてはどじょうを
あそびましょう
こまらせた
カスタ

さんぽ

作詞♪中川李枝子　作曲♪久石　譲

演奏時間 約2分25秒

難易度 ★★☆

模範演奏　ピアノ伴奏

2歳児 さんぽ

楽器編成の目安（20人の場合）

鈴 ………… 10人
カスタネット ………… 10人

ねらい

●歩くように一定の拍を感じながら演奏する。

●鈴とカスタネットのかけあいを楽しむ。

演奏のポイント

元気よく歩いていく様子をイメージしながら演奏します。曲調の変化があるので、そこも感じていきましょう。

合奏指導の進め方

❶ 足踏みしながらうたいましょう

全体は４拍子で構成されているので、まず足踏みするなどして拍を感じましょう。

❷ 3～6小節、15～22小節、31～32小節目のリズム

２パターンのリズムからできています。１パターン目は４分音符をきざむカスタネットが、リズムの土台になります。

鈴
カスタ
ウン　ウン　タン　タン
タン　タン　タン　タン

❸ 7～14小節、23～30小節目のリズム

２パターン目のリズムです。手拍子に慣れたら、楽器に持ち変えましょう。

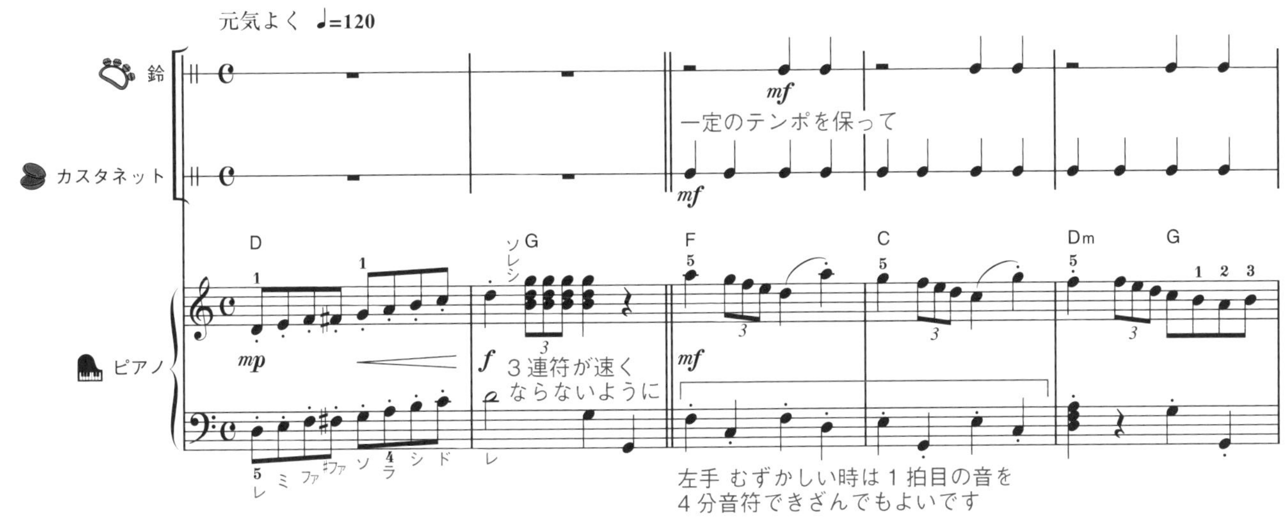

元気よく ♩=120
鈴
カスタネット
ピアノ
mf
一定のテンポを保って
3連符が速く
ならないように
左手 むずかしい時は1拍目の音を
4分音符できざんでもよいです
D G F C Dm G

6
ここからは2拍ずつ交互に演奏しましょう
鈴
カスタ
ピアノ
もりあげて
C G C G F
1.～3.
あ る こ う
あ る こ う
わ た しは げ ん
き
あ る く の ー だい す

12
慣れてきたら強弱の変化をつけてみましょう
鈴
カスタ
ピアノ
C Dm G C Fm C Dm-5
き
ど んど んい こ
う
さ かみ ちー
み つば ちー
き つね もー
ト ンネ ルー
ブ ンブ ンー
た ぬき もー
く さ っ ぱ ら
は な ば た け
で て お い で

♫さんぽ

2
歳児
さんぽ

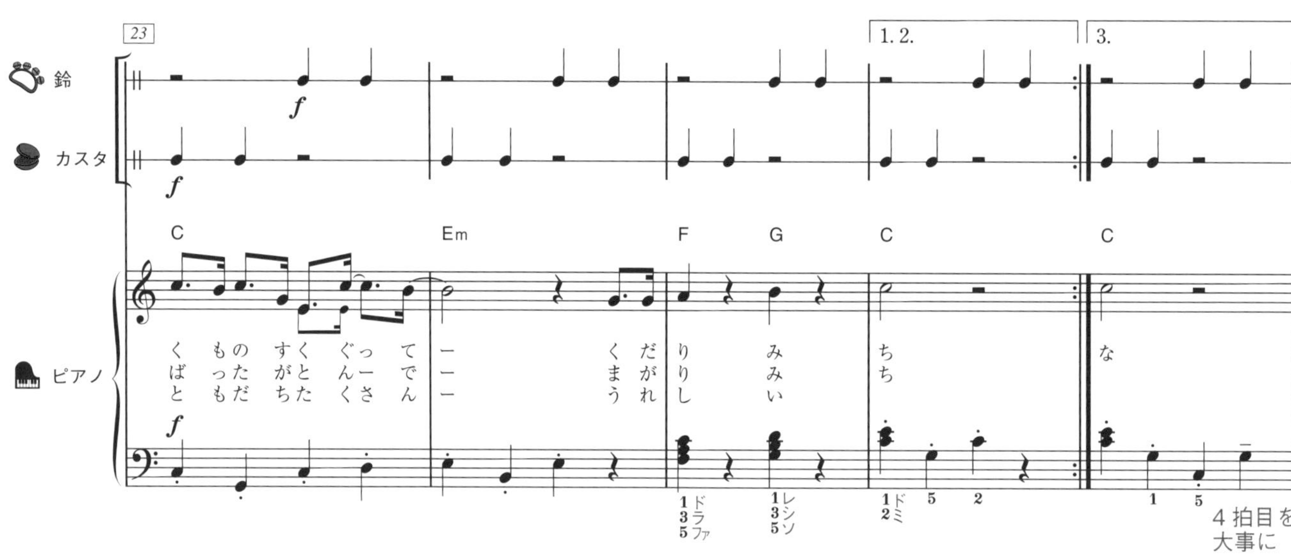

1拍目
全員でそろえましょう

前奏と同じリズムです。元気よく

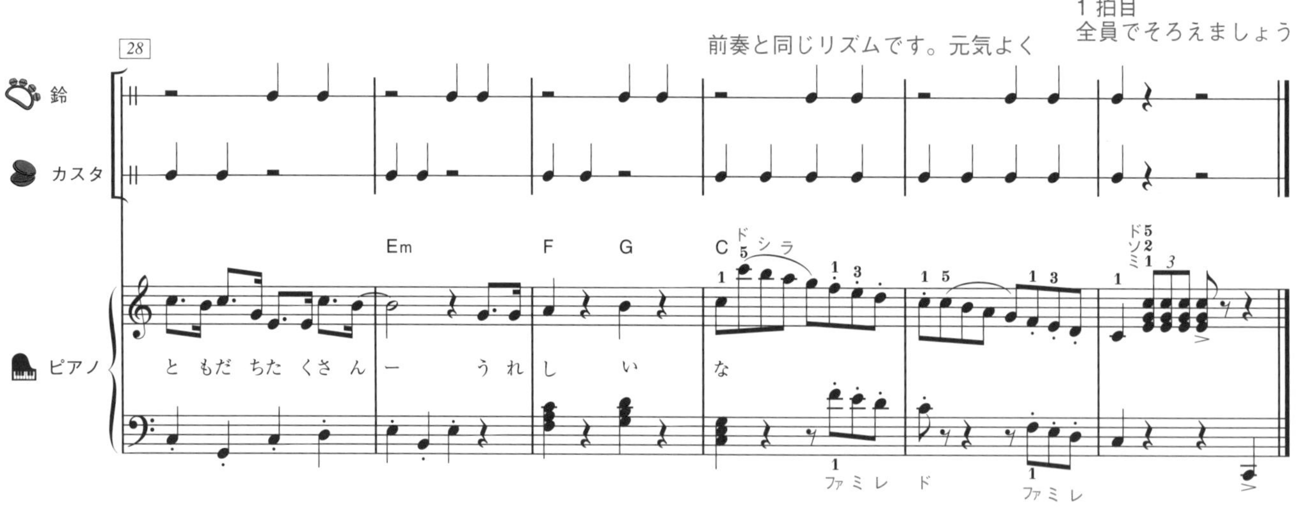

きのこ

作詞♪まど・みちお　作曲♪くらかけ昭二

演奏時間 約2分

難易度 ★★★

模範演奏

ピアノ伴奏

楽器編成の目安（20人の場合）

楽器	人数
鈴	8人
カスタネット	6人
タンブリン	6人

ねらい

- 心地よい２拍子のリズムを感じながら、全員で楽しむ。
- 曲の雰囲気が変わっていくのを感じながら演奏する。

演奏のポイント

大きく３つの部分に分かれます。元気な感じから静かに、そしてまたにぎやかにとなります。一定のテンポを保って演奏しましょう。

合奏指導の進め方

❶ 曲調を意識してうたってみよう

大きく３つの曲調に分かれます。そこを感じとりながら、うたいます。

❷ 鈴の基本リズム

このリズムを最後までくり返します。
速くならないように、最後まで一定のテンポで演奏します。

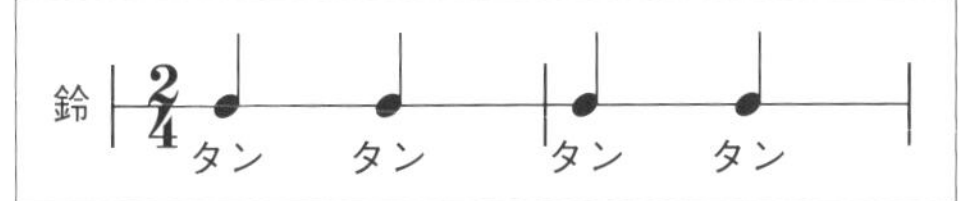

❸ タンブリンとカスタネットの基本リズム

２１～３０小節以外は、このリズムをきざみます。
タンブリンは 21 ～ 30 小節目までお休み。
31 小節目から再び入るので、スムーズに入れるように保育者は、合図をはっきり出しましょう。

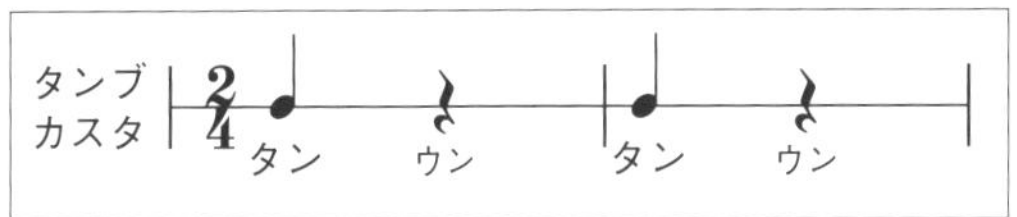

♫きのこ

おどけた感じ ♩≒108
楽しく元気よく
1小節に2回ずつ音を鳴らします
速くならないように休符を意識しましょう
鈴
カスタネット
タンブリン
ピアノ
カスタ
タンブ
1.き き き の こ
2.き き き き の こ こ
3.き き き の こ
き き き の こ ノ コ ノ コ ノ コ ノ コ あ るい た り し な い き き
き き き き の こ こ ニョ キ ニョ キ ニョ キ ニョ キ う で なん か だ さ ない き き
き き き の こ ノ コ ノ コ ノ コ ノ コ あ るい た り し な い き き
き の こ き き き の こ ノ コ ノ コ あ るい た り し な い け ど
き き の こ こ き き き き の こ こ ニョ キ ニョ キ う で なん か だ さ な い が
き の こ き き き の こ ノ コ ノ コ あ るい た り し な い け ど

曲調が静かな感じに変わります
鈴
カスタ
タンブ
ピアノ
タンブリンはここから10小節間お休みです
Dm
Gm/D
Dm
ぎ ん の あ め あ め ふっ た ら ば せ い が の び て く
ぎ ん の あ め あ め ふっ た ら ば ば か さ が お お き く
ぎ ん の あ め あ め ふっ た ら ば せ い が の び て く
流れるように少しやさしく
最後にむかって全員で明るく元気よく
f タンブリンが再び加わります。
C7
F
Gm
る る る る る る る る い き て る い き て る い き て る
な る な る な る な る い き て る い き て る い き て る
る る る る る る る る い き て る い き て る い き て る
31 小節にむかって
もりあげます
生き生きと
B♭m
F/C
Dm
C7
F
B♭
C7
F
い き て る き の こ は い き て る ん だ ね
い き て る き の こ は い き て る ん だ ね
い き て る き の こ は い き て る ん だ ね
元気よく

むすんでひらいて

文部省唱歌　作曲♪J.- J. ルソー

演奏時間 約2分

難易度 ★★★

模範演奏

ピアノ伴奏

楽器編成の目安（20人の場合）

楽器	人数
鈴	8人
カスタネット	6人
タンブリン	6人

- みんながよく知っている曲を、楽器で楽しむ。
- 友達の楽器の音色を聞きながら、演奏する。

演奏のポイント

シンプルなリズムです。ピアノの伴奏とあわせて、速くならないように気をつけます。自分のパートがお休みするところ、演奏するところをはっきり区別しましょう。

合奏指導の進め方

❶ カスタネットのパート

このリズムを最後までくり返します。一定のテンポを保ちましょう。

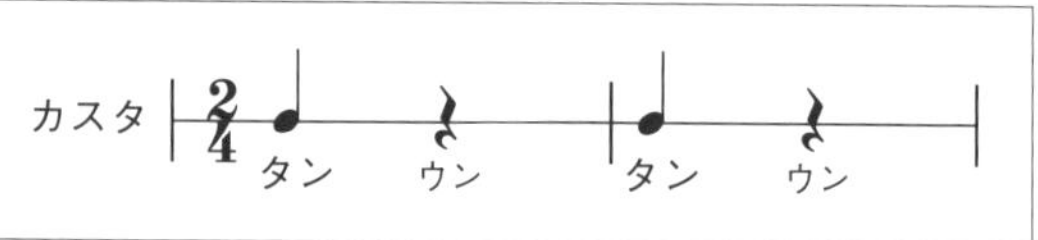

❷ 鈴のパート

シンプルなリズムですが、鳴らすところとお休みするところをはっきり区別しましょう。

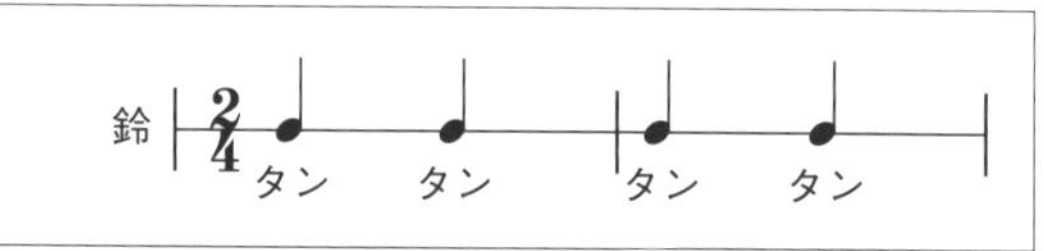

❸ タンブリンのパート

鈴と同じリズムですが、交代で演奏します。鈴がお休みのとき、タンブリンが出番です。

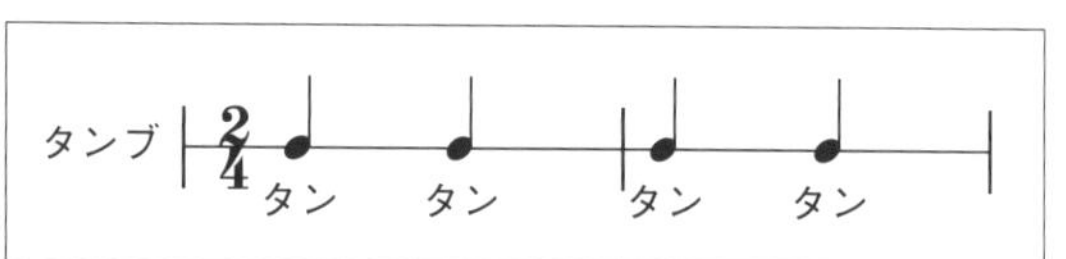

❹ 最後の小節の２拍目は全員お休みです

♫むすんでひらいて

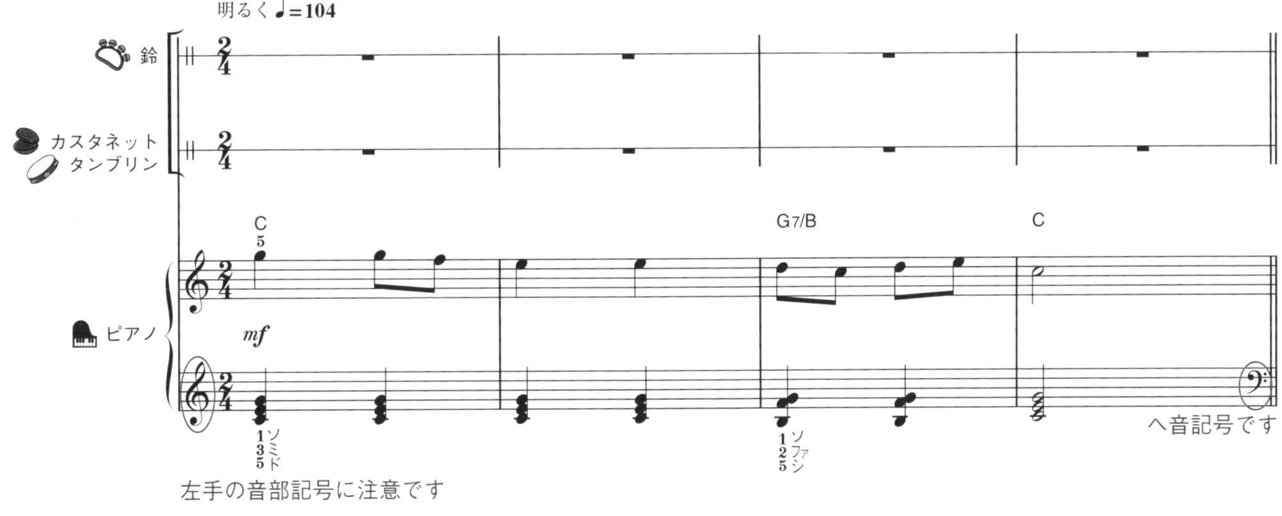

明るく♩=104
鈴
カスタネット
タンブリン
C
G7/B
C
ピアノ
mf
1 3 5 ソ ミ ド
1 2 5 ソ ファ シ
ヘ音記号です
左手の音部記号に注意です

5
鈴はお休みです
鈴
カスタネットは2拍目の休符を意識しましょう。最後まで同じリズムです
mf
カスタ
タンブ
mf タンブリンは1小節に2回ずつ鳴らします
C
G/B
C
ピアノ
1.む すー んで ひら いー て てをー
2.む すー んで ひら いー て てをー
3.む すー んで ひら いー て てをー
4.む すー んで ひら いー て てをー
1 3 5 ソ ミ ド
1 3 5 ソ レ シ

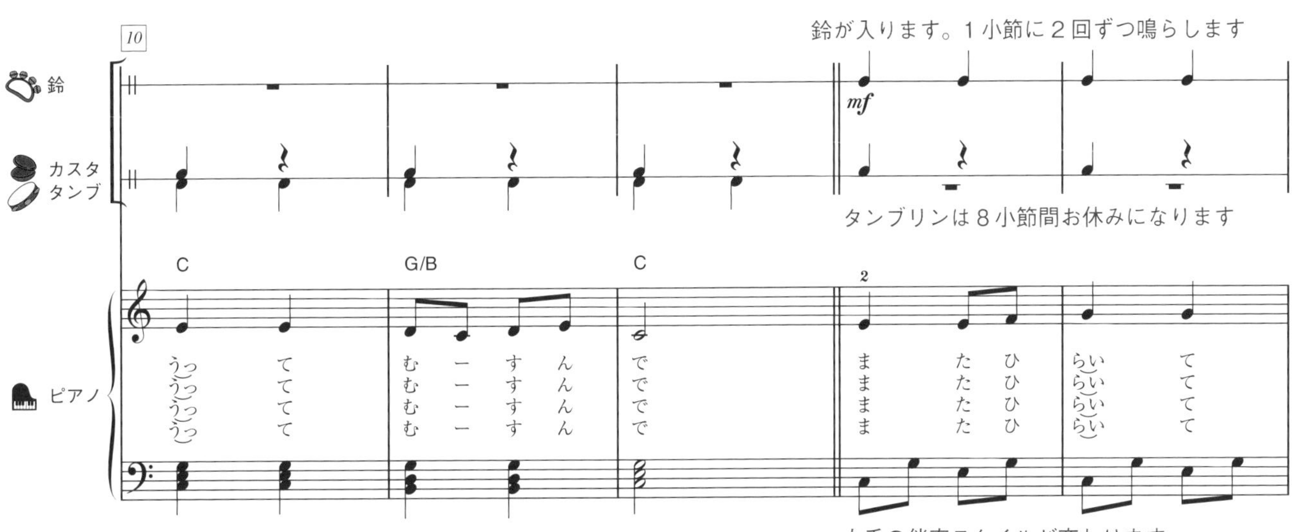

10
鈴が入ります。1小節に2回ずつ鳴らします
鈴
mf
カスタ
タンブ
タンブリンは8小節間お休みになります
C
G/B
C
ピアノ
うって むーすんで また ひらいて
左手の伴奏スタイルが変わります

♫むすんでひらいて

2
歳児
むすんでひらいて

2歳児 ふしぎなポケット

作詞♪まど・みちお　作曲♪渡辺　茂

演奏時間 約55秒

難易度 ★★★

模範演奏

ピアノ伴奏

楽器編成の目安（20人の場合）

楽器	人数
鈴	7人
カスタネット	7人
タンブリン	6人

ねらい

- ポケットの中のビスケットが増えていく楽しさをイメージする。
- 強弱やテンポに気をつけて元気よく演奏する。

演奏のポイント

リズムパターンとしては、シンプルです。17～24小節目はテンポがゆっくりになるので、どのくらいのテンポにするのか子どもの様子を見て決めます。

合奏指導の進め方

❶ 基本のリズムを覚えましょう

最初は「イチニィ / イチニィ」のリズムを足踏みしてから、楽器練習へと進みましょう。このリズムが基本になります。

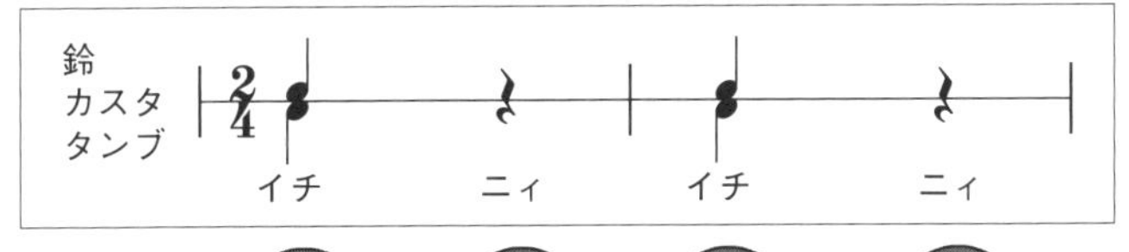

❷ ４分音符のリズムを練習します

17小節目からのリズムです。
曲にあわせた楽しい演奏を心がけます。

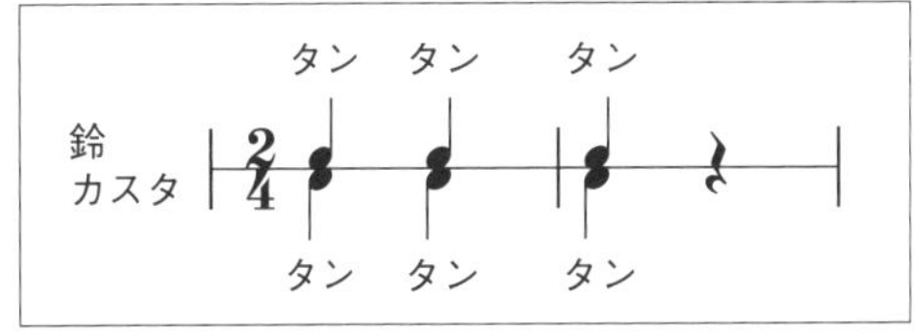

❸ ８分音符のリズムを練習します

16小節目は細かい８分音符のリズムですが、テンポに気をつけて演奏します。

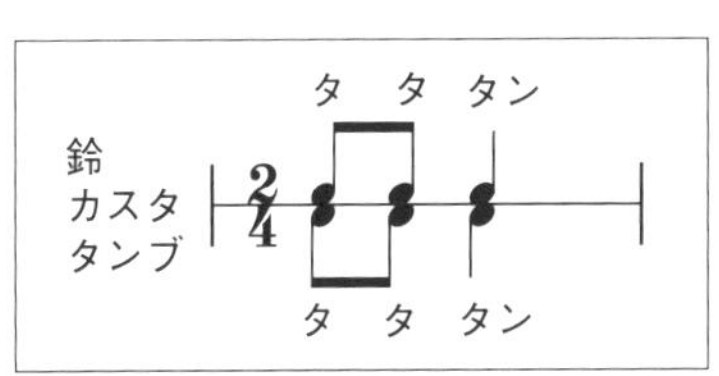

♫ふしぎなポケット

楽しく元気よく ♩=80
２回鳴らします
鈴
テンポが速くならないように
カスタネット
タンブリン
G G/B Am Am/C D D G
ピアノ
左手の
音部記号に注意
ここから
ヘ音記号です

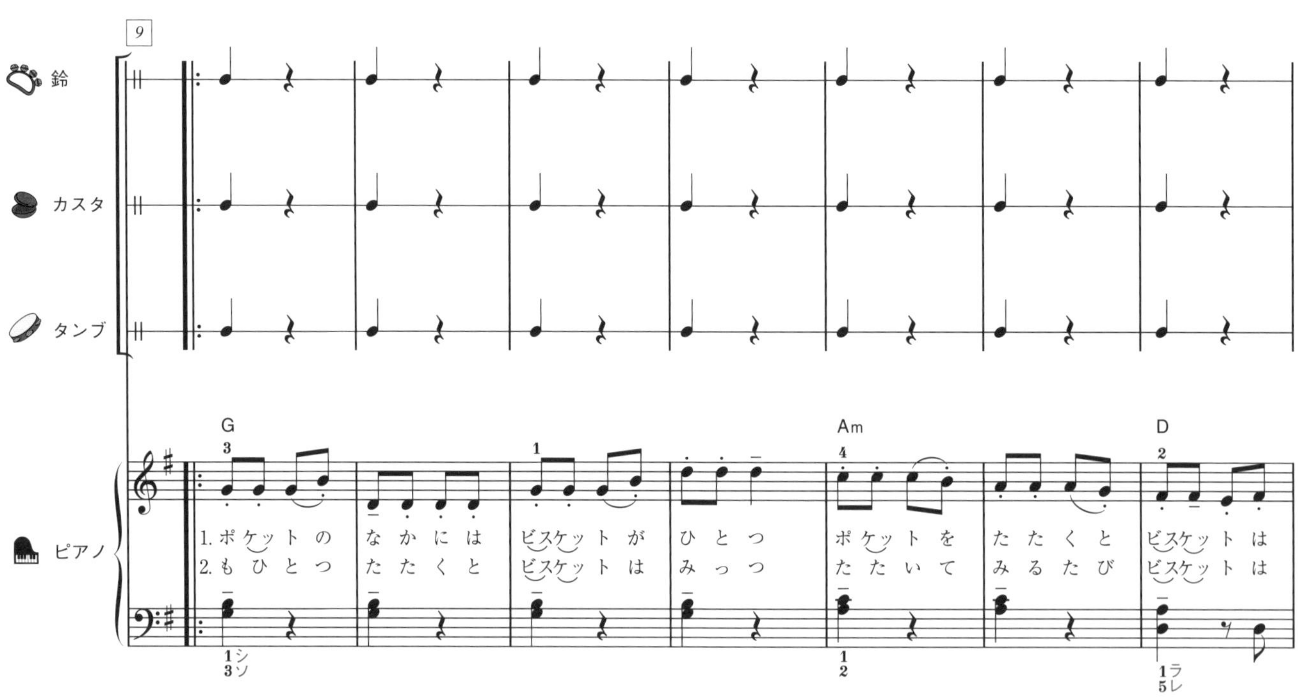
9
鈴
カスタ
タンブ
G Am D
ピアノ
1. ポ ケッ ト の な か に は ビ スケッ ト が ひ と つ ポ ケッ ト を た た く と ビ スケッ ト は
2. も ひ と つ た た く と ビ スケッ ト は み っ つ た た い て み る た び ビ スケッ ト は

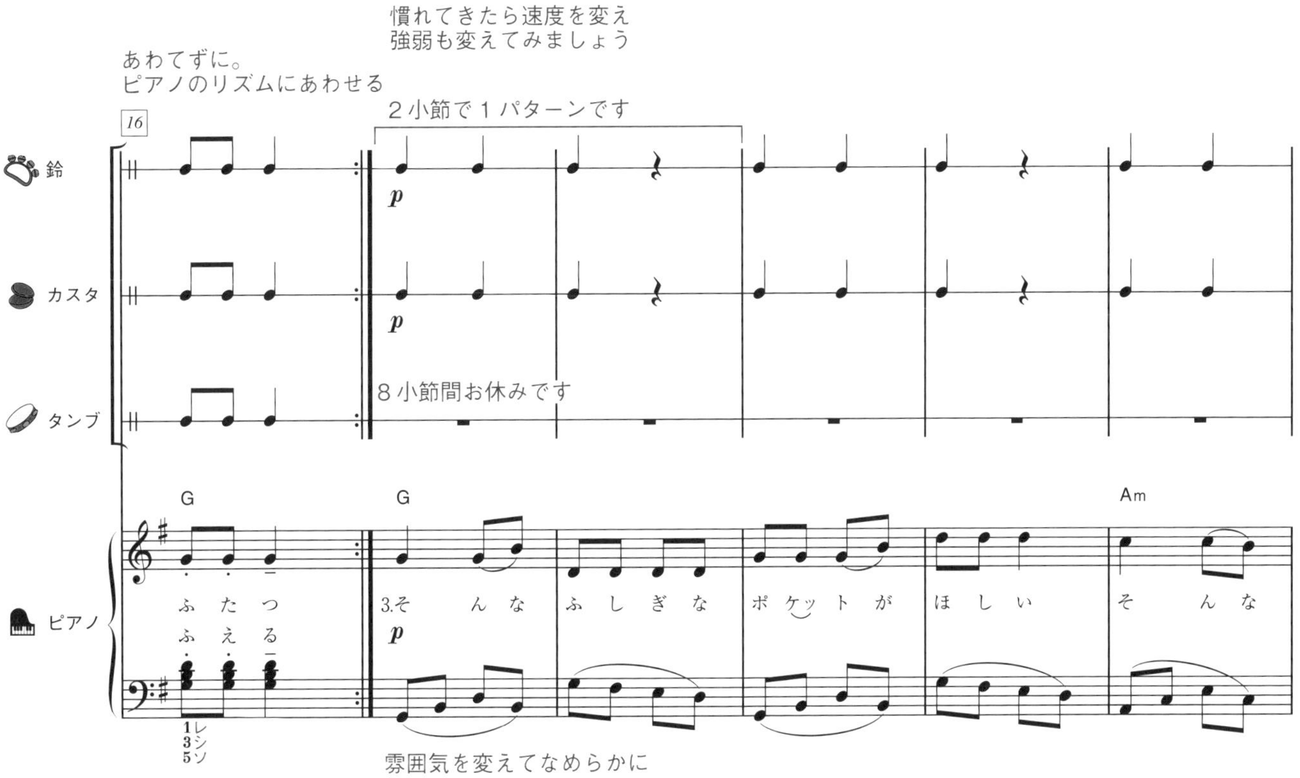
慣れてきたら速度を変え
強弱も変えてみましょう
あわてずに。
ピアノのリズムにあわせる
2小節で1パターンです
16
鈴
カスタ
タンブ
8小節間お休みです
ピアノ
G
G
Am
ふ た つ
ふ え る
3.そ ん な
ふ し ぎ な
ポ ケッ ト が
ほ し い
そ ん な
1レ
3シ
5ソ
雰囲気を変えてなめらかに

全員でもりあげておわりましょう
はじめのテンポで
息をあわせて
22
鈴
カスタ
タンブ
ピアノ
D
G
D
G
ラの音の前に
#ソの音を短く弾きます
ドミ
ふ し ぎ な
ポ ケッ ト が
ほ し い
ト音記号です
レ
ヘ音記号です

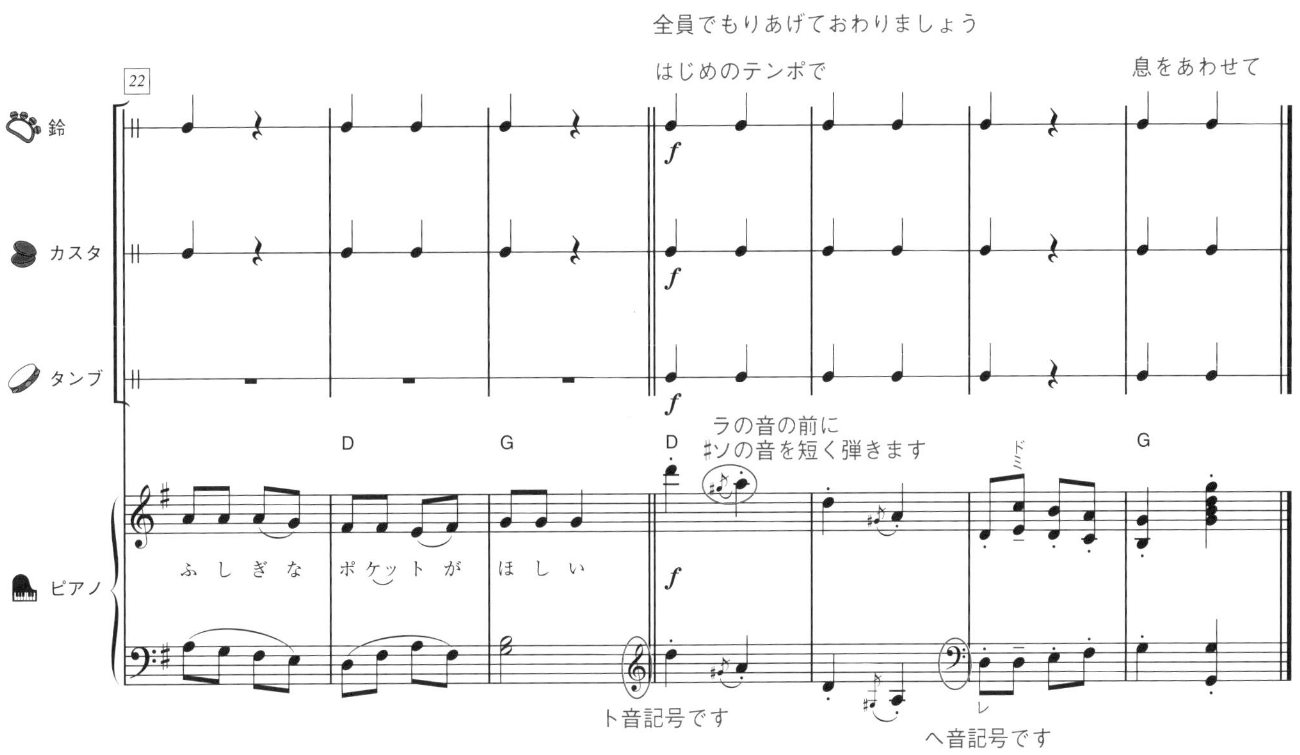

やぎさんゆうびん

作詞♪まど・みちお　作曲♪團　伊玖磨

演奏時間 約50秒

難易度 ★☆☆

模範演奏

ピアノ伴奏

楽器編成の目安（30人の場合）

楽器	人数
鈴	12人
カスタネット	10人
タンブリン	8人

ねらい

- 楽器の組み合わせが変わっていくと、音色も変化するのを感じる。
- テンポは速いが全体的に静かな曲。うるさく聞こえないようにおちついて演奏を楽しむ。

13 小節目からは、流れる感じになります。ピアノ左手の 2 分音符を大切に演奏しましょう。

合奏指導の進め方

① カスタネットのパート

リズムの土台となる カスタ 2/4 タン ウン タン ウン のリズムは、カスタネットが支えます。
一定のテンポであわてずに叩きましょう。

② 鈴のパート

5 〜 8 小節間は

、9 〜 12 小節間はお休みです。
13 小節目から、再び同じリズムがはじまります。
演奏するところとお休みするところがわかるように、保育者は合図をはっきり出します。

休みだ！

③ タンブリンのパート

9 小節目から、 タンブ 2/4 タン タン タン タン で入ります。鈴のリズムを受け継ぎます。

13 小節目からは、リズムが変わり

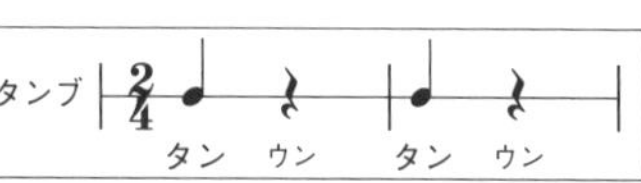

でカスタネットと同じリズムを叩きます。

♫やぎさんゆうびん

やさしい感じで ♩=100
鈴
カスタネット
タンブリン
ピアノ
8分休符大切に
( )の音は右手で弾いてもよいでしょう
カスタ
タンブ
タンブリンは4小節間お休みです
メロディーをやさしくうたって
1. しろやぎ さんから おてがみ ついた
2. くろやぎ さんから おてがみ ついた
鈴は4小節間お休みです
タンブリンが入ります
くろやぎ さんたら よまずに たべた
しろやぎ さんたら よまずに たべた

♫やぎさんゆうびん

鈴が入ります
鈴
カスタ
タンブ
ピアノ
タンブリンのリズムは変わり、カスタネットと同じリズムを鳴らします
F
Am/E
Dm
F/C
し か た が な い の で お て が み か い た
し か た が な い の で お て が み か い た
1.
タンブリンのリズムがまた変わり、鈴と同じく１小節２拍ずつです
C
８分休符大切に
F/C
B♭
F/A
C7
F
さっ き の て が み の ご よ う じ な あ に
さっ き の て が み の
（　）の音は右手で弾いても
よいでしょう
2.
B♭
F/A
C7
F
B♭
F/A
C7
F
ご よ う じ な あ に
ト音記号です
（　）の音は右手で弾いても
よいでしょう
ファ
♭シ

となりのトトロ

作詞♪宮崎 駿 作曲♪久石 譲

演奏時間 約３分５秒

難易度 ★☆☆

模範演奏 

ピアノ伴奏 

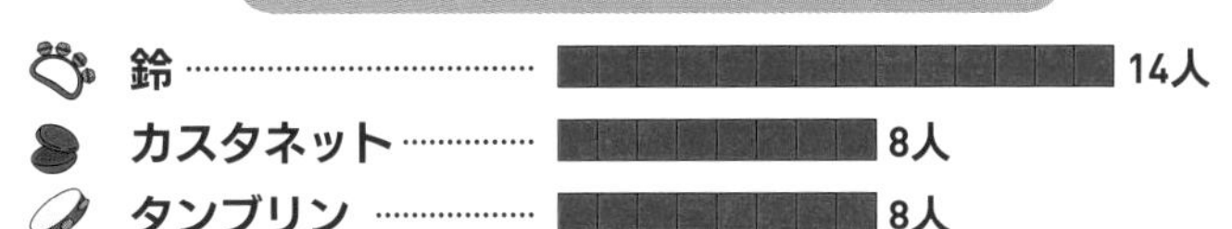

楽器	人数
鈴	14人
カスタネット	8人
タンブリン	8人

- 曲調の変化を感じながら、メロディーを聞いて演奏する。
- 曲の後半は、全パートでの楽器演奏なので、よく聞いてあわせる楽しさを知る。

演奏のポイント

メロディーが美しい曲なので、うるさくならないよう控えめに伴奏します。最後の小節は全員４拍目がお休み、かっこよく決めましょう。

合奏指導の進め方

❶ 鈴のパート

イントロのみ 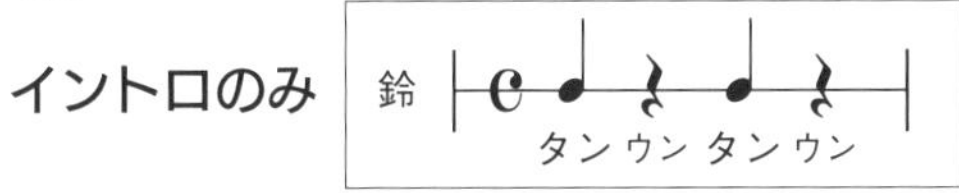

、９小節目からは 

のくり返しです。

❷ カスタネットのパート

17小節目からのスタートです。 

と、お休みをしっかり感じてください。

29小節目からは、 

を最後までくり返します。

❸ タンブリンのパート

９小節目からのスタートです。 

のくり返しです。

♫となりのトトロ

3歳児

となりのトトロ

鈴
カスタ
タンブ
ピアノ
カスタネットは１拍目遅れないように
F C/E Dm Cm D Gm
ちっ さ な め ー は え た ら ー ひ み つ の あ ん ご う
あ な た の ー あ ま が さ ー さ し て あ げ ま しょう
Gdim F D7 B♭ Bdim B♭/C
ー もりへ の パ スポート ー す て き なぼ ーうけん はじまる ー
ー もりへ の パ スポート ー ま ほ う のと ーびら あきます ー
左手がバラバラに
ならないように
カスタネットはタンブリンと同じリズムになります
F C/E C7 C♯dim7 Dm
ー となりの ト トロ ト ト ーロ ト トロ ト ト ーロ
ー となりの ト トロ ト ト ーロ ト トロ ト ト ーロ
元気よく

♫となりのトトロ

3歳児
となりのトトロ

アンパンマンのマーチ

作詞♪やなせたかし　作曲♪三木たかし

演奏時間 約2分40秒

難易度 ★★☆

模範演奏

ピアノ伴奏

楽器編成の目安（30人の場合）

楽器	人数
鈴	12人
カスタネット	10人
タンブリン	8人

- 場面ごとに感情の入れ方を変えて演奏する。
- 楽器をあわせることを楽しみながら、明るく楽しく演奏する。

演奏のポイント

４拍子ですが、大きく２分音符を１拍としてとらえると演奏しやすいでしょう。伴奏はメリハリをきかせながら、速くならないように。

合奏指導の進め方

❶ ４拍子を２分音符で捉えましょう

２分音符は、４分音符の倍の長さです。この曲は、２分音符を１拍として捉えると演奏しやすいでしょう。

❷ 曲全体の流れを知ろう

この曲には、楽しさ、悲しさなどいろいろな要素が含まれています。
保育者はそこに注意できるような声かけをしながら、まず十分にうたいます。

❸ 各パートのリズムを覚えよう

- 鈴は［鈴　タン ウン タン ウン］のパターンと、
  25～32小節目、エンディング［鈴　タンタンタンタン］のパターンの２種類です。
- カスタネットは、土台となる［カスタ　タン ウン タン ウン］を最後までくり返します。
- タンブリンは［タンブ　タンタンタンウン］と、17～24小節目、エンディングの［タンブ　タン ウン タン ウン］の２種類です。

♫アンパンマンのマーチ

明るく 生き生きと ♩≒90
鈴
カスタネット
タンブリン
G 前奏はピアノのみです C
Am D
G
ピアノ
mf

5 どの楽器も休符を意識して一定のテンポを保ちましょう
鈴
カスタ
タンブ
G
C
A/C♯
D
ピアノ
そ う だ
う れ し い ん だ
い き る よ
ろ こ び
ミ ♯ファ

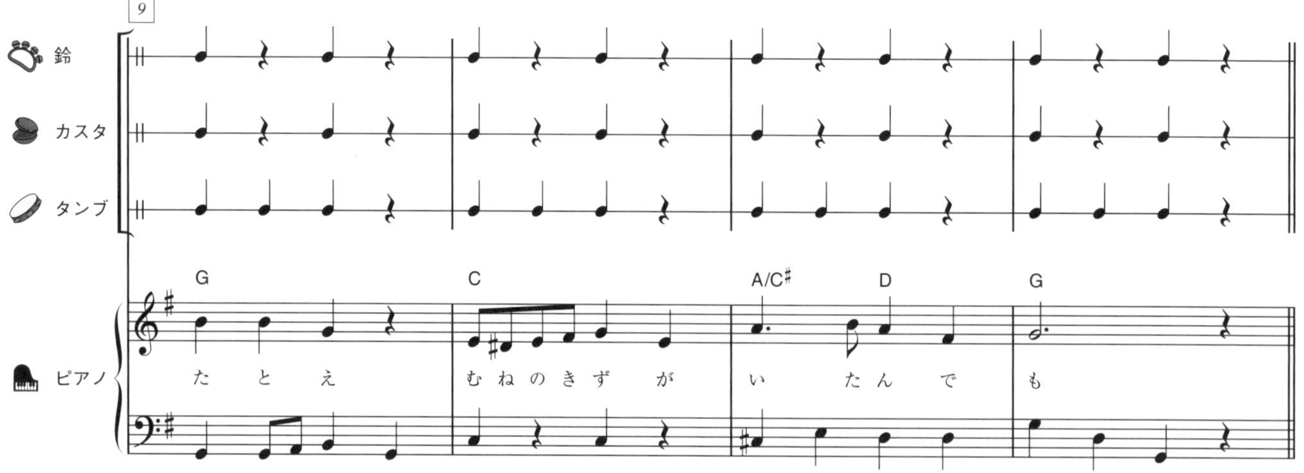
9
鈴
カスタ
タンブ
G
C
A/C♯ D
G
ピアノ
た と え
む ね の き ず が
い た ん で
も

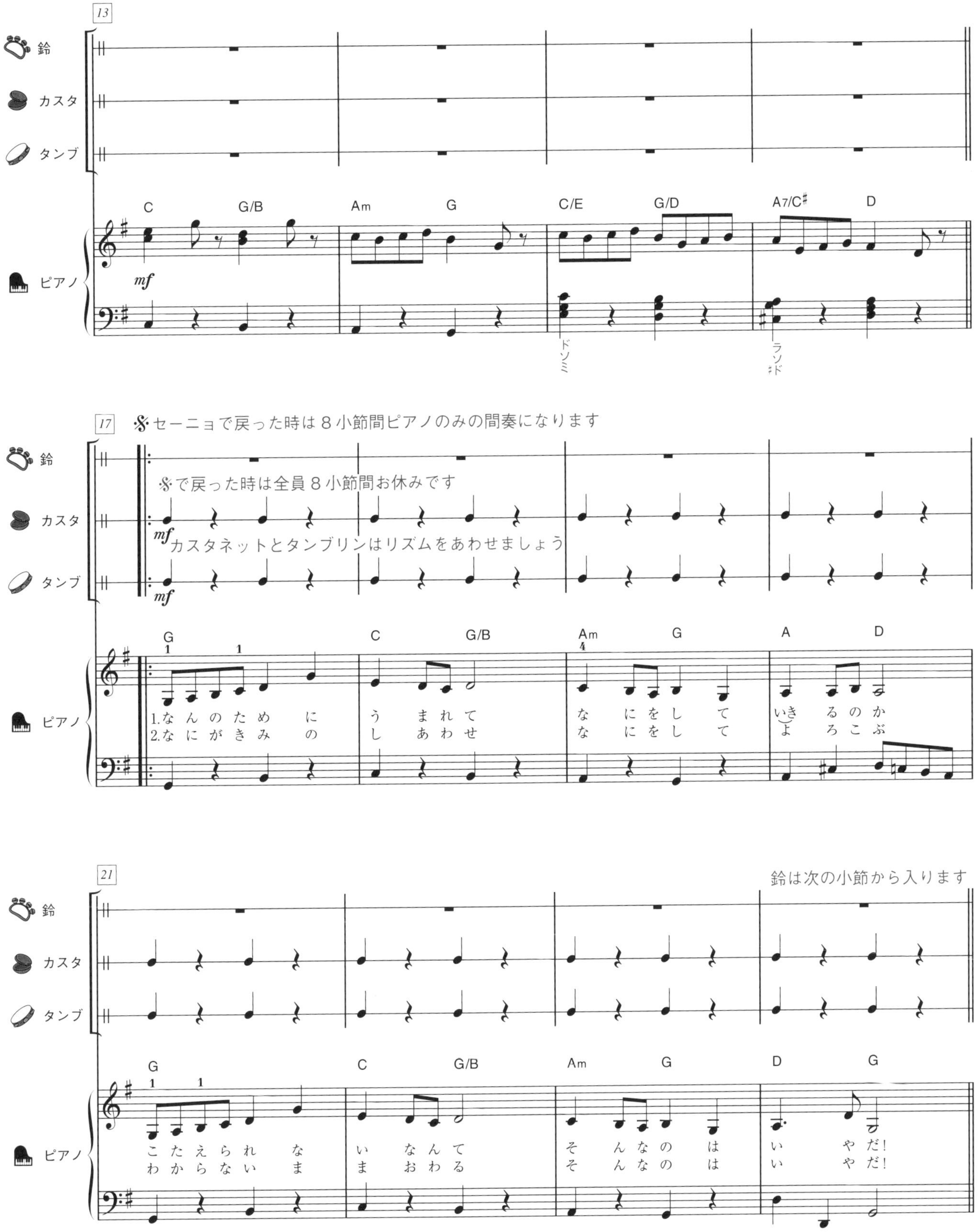

13

鈴
カスタ
タンブ
ピアノ

C G/B Am G C/E G/D A7/C♯ D

mf

ドソミ ラソド♯

17

𝄋セーニョで戻った時は８小節間ピアノのみの間奏になります

鈴

𝄋で戻った時は全員８小節間お休みです

カスタ

mf カスタネットとタンブリンはリズムをあわせましょう

タンブ

mf

ピアノ

G C G/B Am G A D

1.なんのために　うまれて　なにをして　いきるのか
2.なにがきみの　しあわせ　なにをして　よろこぶ

♫アンパンマンのマーチ

3歳児

アンパンマンのマーチ

40
鈴
カスタ
タンブ
ピアノ
G
C
A/C♯
D
も さ も
あ あ
アンパンマ ン
や さし い
き み は
45
to 𝄌
𝄌Coda
49
G
C
A7/C♯ D
G
い け!
みんなのゆ め
ま もる た
め
め
2回目のくり返しのあとD.S.
𝄋セーニョに戻ります
(ピアノのみの間奏です)
to 𝄌 で 𝄌Coda にとびます
50
C G/B
Am G
C/E G/D
A7/C♯ D7
G
f
かっこよく

とんでったバナナ

作詞♪片岡　輝　　作曲♪櫻井　順

演奏時間 約2分25秒

難易度 ★★☆

模範演奏

楽器編成の目安（30人の場合）

楽器	人数
鈴	14人
カスタネット	8人
タンブリン	8人

ねらい

- ４拍子を感じながら、最後まであわてずに演奏する。
- 友達とかけあいする、合奏の楽しさを感じる。

鈴とタンブリンの演奏するところ、お休みするところがわかるように、保育者は子どもにはっきり合図を出していきましょう。

合奏指導の進め方

❶ 手拍子で練習しましょう

まず４拍子のリズムで手を叩きましょう。

❷ ３つの楽器のリズムパターンを覚えましょう

- カスタネットは、（カスタ タン ウン タン ウン）このリズムをくり返します。
- タンブリンは、（タンブ ウン タン ウン タン）で、カスタネットとリズムのかけあいになります。
- 鈴も（７小節目～）（鈴 ウン タン ウン タン）で、カスタネットとリズムのかけあいになります。

❸ 全員で演奏しよう

１３小節目からは３つの楽器をあわせます。
エンディング１８小節目の４拍目はお休みです。

♫とんでったバナナ

3歳児 とんでったバナナ

♫とんでったバナナ

3 歳児 とんでったバナナ

エビカニクス

作詞／作曲♪増田裕子

演奏時間 約2分5秒

難易度 ★★☆

模範演奏

ピアノ伴奏

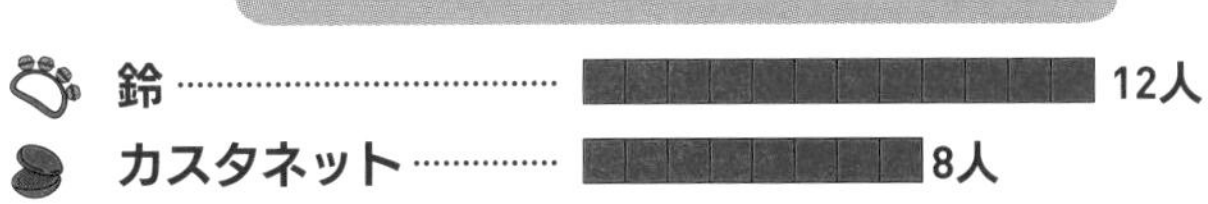

ねらい

- まず「エビカニクス」のダンスを、リズムにあわせて楽しく踊る。
- みんなで息をあわせて元気よく演奏する。

演奏のポイント

体を動かすエアロビクスをもじった「エビカニクス」。聞いている人が体を動かしたくなるように、元気に演奏しましょう。

合奏指導の進め方

❶ 1～12小節目

カスタネットとタンブリンは、3拍目に向かっていく気持ちで叩きます。
鈴は、基本的に4拍目ですが、曲の区切りは3拍目で鳴らします。

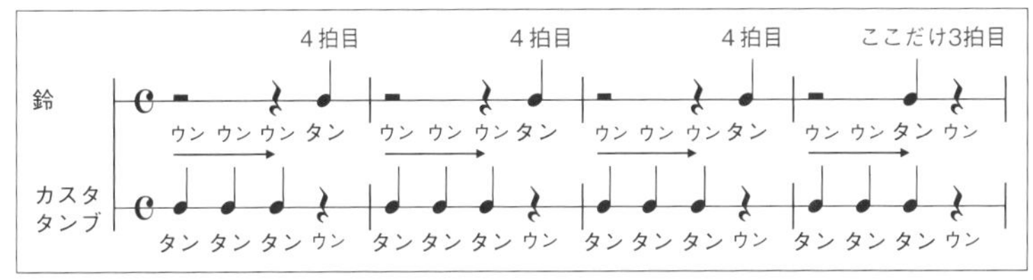

❷ 13～20小節目

鈴、カスタネット、タンブリンの順番に、リズム担当が変わります。

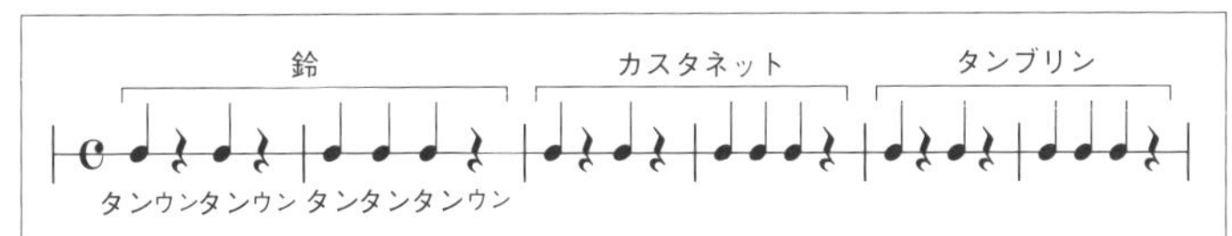

❸ 22～27小節目

鈴が1拍目、カスタネットとタンブリンが2、3、4拍目を叩き、26小節目からは、鈴が1拍目と3拍目、カスタネットとタンブリンが2拍目と4拍目と交互に鳴らすことになります。この変化を楽しみつつ、盛り上がりにつなげていきましょう。

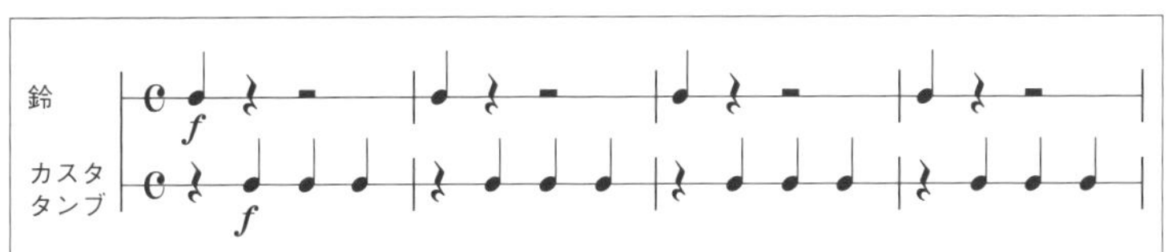

♫エビカニクス

元気よく ♩=140
鈴
カスタネット
タンブリン
ピアノ
4拍裏からタイでつながるリズムを大切に
C
エブリバディ
エビカニークスで
simile
テヌートスタッカートを
同じようにつけて弾きます
G
おどっちゃおうエブリバディ
カスタ
タンブ
鈴2小節→カスタネット2小節→タンブリン2小節と続きます
F
1. エビもカニも
2. エビはやっぱり
こうかくるい
エビフライ
みためはとっても
カニはやっぱり

16
鈴
カスタ
タンブ
ピアノ
C
F
C
G
グロテスク
ゆでガニで
にっぽんじんなら
もちろんなまでも
だいすきさこりゃ
いけるのよもう
うきうきぶりぶり
たべだしーたなら
おどろうー
とまらなーい
ド
21
一回音量を下げてから、
全員で、だんだん大きく
鈴とカスタネット・タンブリンの役割が交代します
mp
f
かけ声で
(ワン ツー スリー フォー)
エビ
カニ
27
全員で
役割が交代し、5小節目からと同じになります
ff
エビカニエビカニ
うぉー エブリバディ
エビカニークスで
simile
テヌートスタッカートを同じように
つけて弾きます

エビカニクス

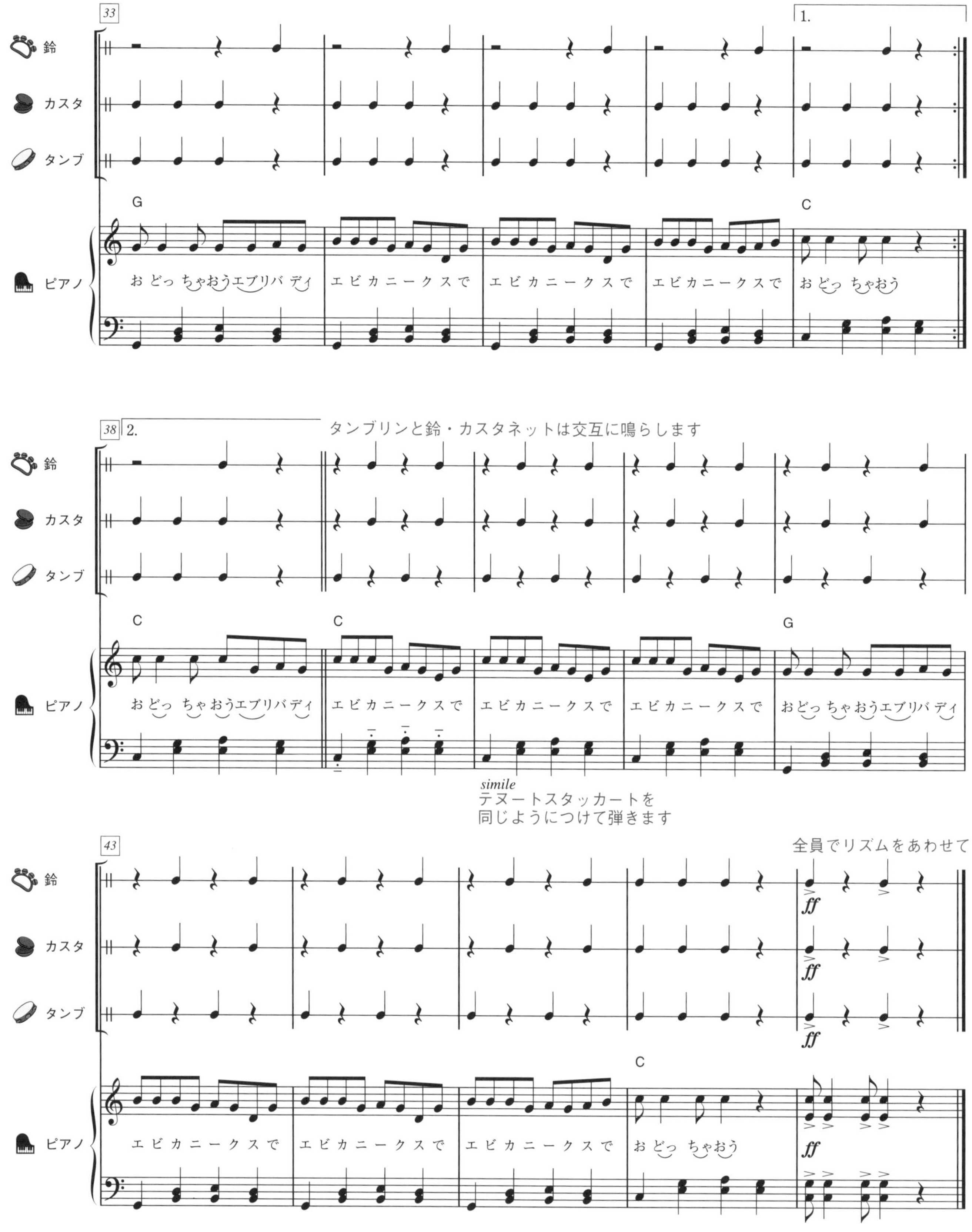

38 2.

タンブリンと鈴・カスタネットは交互に鳴らします

鈴

カスタ

タンブ

C C G

ピアノ

おどっちゃおうエブリバディ エビカニークスで エビカニークスで エビカニークスで おどっちゃおうエブリバディ

simile
テヌートスタッカートを
同じようにつけて弾きます

43

全員でリズムをあわせて

鈴

カスタ

タンブ

ff

C

ピアノ

エビカニークスで エビカニークスで エビカニークスで おどっちゃおう

ff

幸せなら手をたたこう

作詞♪きむら　りひと　アメリカ民謡　編曲♪有田　怜

演奏時間 約2分5秒

難易度 ★★☆

模範演奏

ピアノ伴奏

楽器編成の目安（30人の場合）

楽器	人数
鈴	8人
カスタネット	8人
タンブリン	7人
トライアングル	4人
小太鼓	2人
大太鼓	1人

ねらい

- 原曲は歌と拍手がかけあいの曲。みんなで息をあわせることを楽しむ。
- ４拍子の行進のリズム、シンプルなリズムを使った演奏を楽しむ。

演奏のポイント

弱起（じゃっき）（4 拍目からはじまるメロディー）の曲です。1 拍目を感じられるようピアノでサポートしましょう。ピアノは左手のリズムキープを心がけます。

合奏指導の進め方

❶ 各楽器パートのリズムを知ろう

- 鈴は、［鈴　ウン タン ウン タン　ウン タン タン ウン］のリズムパターンを２回くり返したあとに、

を演奏します。

- カスタネットは、［カスタ　タンウンタンウン　タンタンタンウン］の２小節パターンです
- タンブリンは、

の２小節パターンです。

- 大太鼓、小太鼓は後半 11 小節目から入ります。
- トライアングルも同じところから入り、大太鼓とあわせて 1 拍目を叩きます。

11～14小節

トライ：タン ウン ウン ウン　タン ウン ウン ウン

小太鼓：ウン タン タン タン　ウン タン タン ウン

大太鼓：タン ウン ウン ウン　タン ウン ウン ウン

♫ 幸せなら手をたたこう

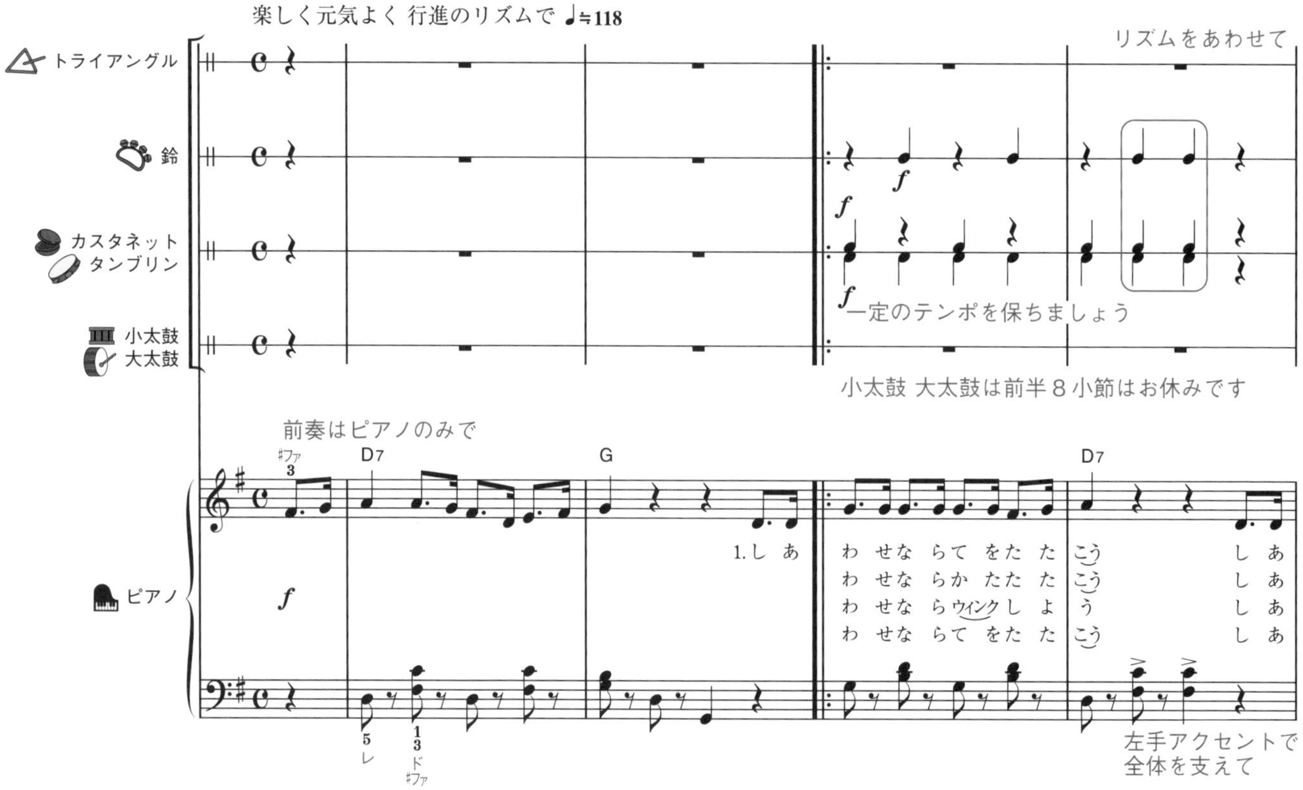

楽しく元気よく 行進のリズムで ♩≒118

リズムをあわせて

トライアングル

鈴

カスタネット
タンブリン

一定のテンポを保ちましょう

小太鼓
大太鼓

小太鼓 大太鼓は前半８小節はお休みです

前奏はピアノのみで

ピアノ

D7　G　D7

1.し あ

わ せな らて をた た こう し あ
わ せな らか たた た こう し あ
わ せな らウィンクし よ う し あ
わ せな らて をた た こう し あ

左手アクセントで
全体を支えて

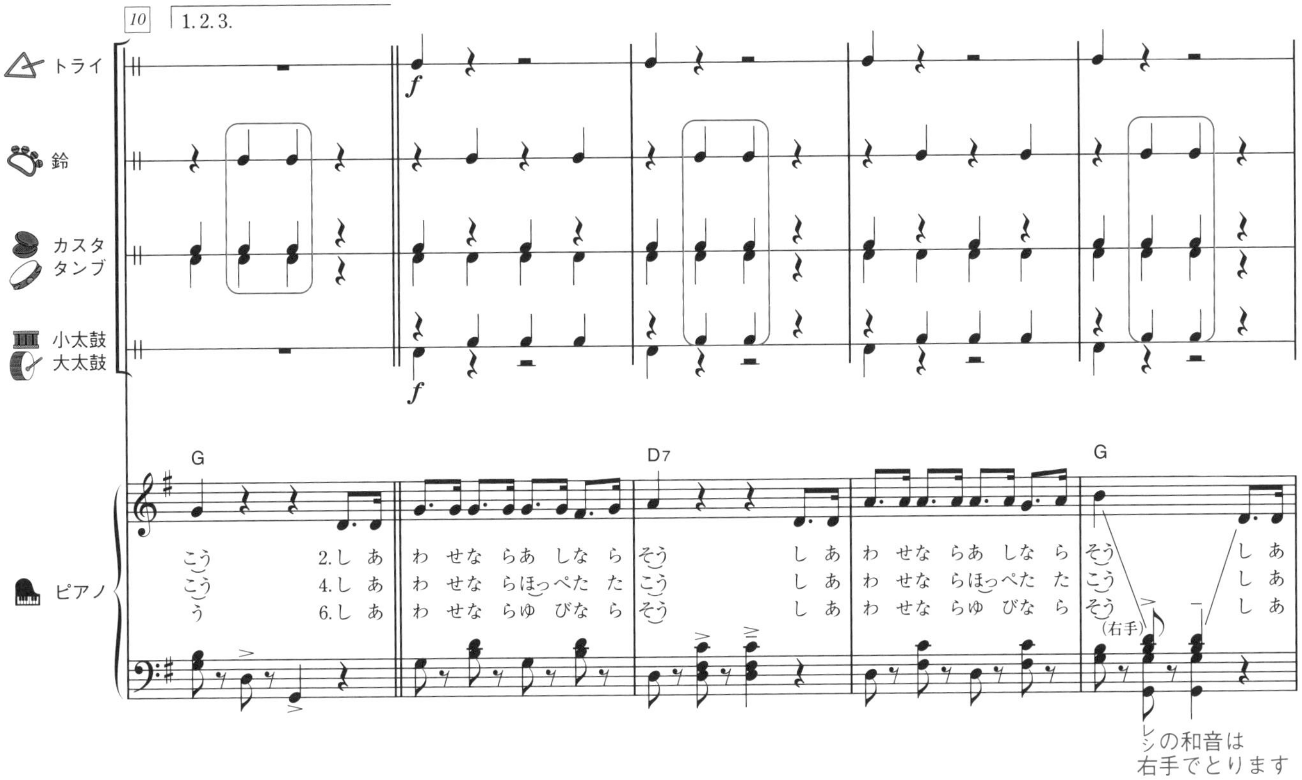
10
1.2.3.
トライ
鈴
カスタ タンブ
小太鼓 大太鼓
ピアノ
G
D7
G
こう 2.し あ わ せな らあ しな ら そう し あ わ せな らあ しな ら そう し あ
こう 4.し あ わ せな らほっぺた た こう し あ わ せな らほっぺた た こう し あ
う 6.し あ わ せな らゆ びな ら そう し あ わ せな らゆ びな ら そう し あ
(右手)
レシの和音は
右手でとります

15
4.
トライ
鈴
カスタ タンブ
小太鼓 大太鼓
ピアノ
G/F
C/E
Cm/E♭
D7
G
わ せな らたい ど で し めそ うよ ほ ら みん な であ しな ら そう 3.し あ こう
わ せな らたい ど で し めそ うよ ほ ら みん な でほっぺた た こう 5.し あ
わ せな らたい ど で し めそ うよ ほ ら みん な でゆ びな ら そう 7.し あ

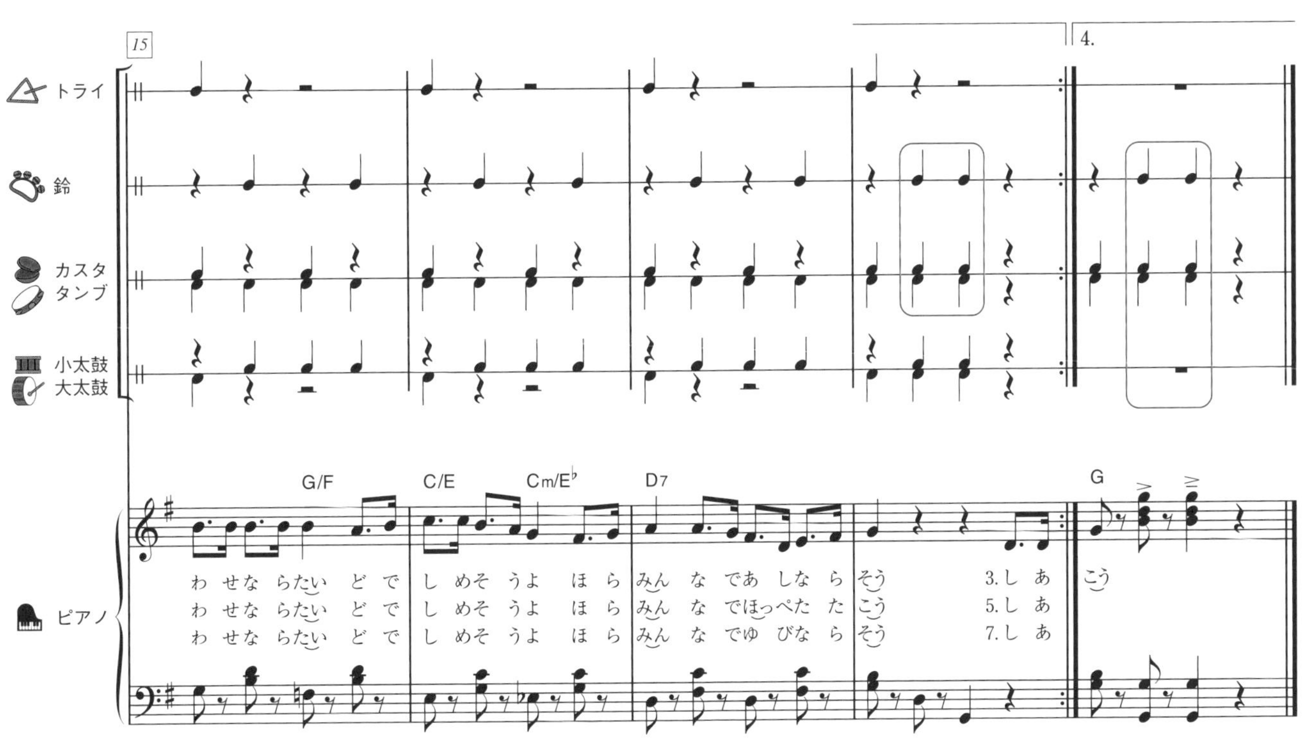

おもちゃのチャチャチャ

作詞♪野坂昭如　補詞♪吉岡　治　　作曲♪越部信義

ピアノ伴奏

楽器編成の目安（30人の場合）

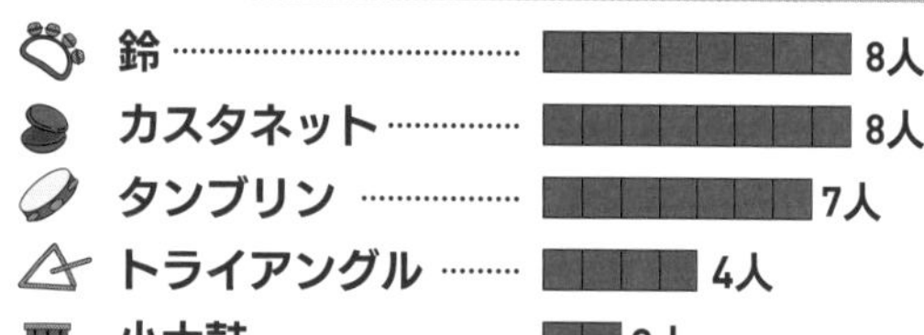

ねらい

- ラテンの「チャチャ」のリズムにのって、明るく楽しく演奏する。
- 元気→静か→元気のメリハリを感じる。

演奏のポイント

楽器もたくさん使うのでバラバラにならないように、３～６小節、７～14小節、15～18小節、エンディングと分けて練習しましょう。

合奏指導の進め方

① 手拍子でリズムを確認しよう

「チャチャチャ」とうたいながら手拍子をしましょう。

② 各楽器パートのリズムを知ろう

- 鈴は、（鈴　タンタンタンタン）を３回くり返し、が入ります。速くならないようにします。
- タンブリンは、（タンブ　ウンウンタ タタン）休符を十分とり、小太鼓の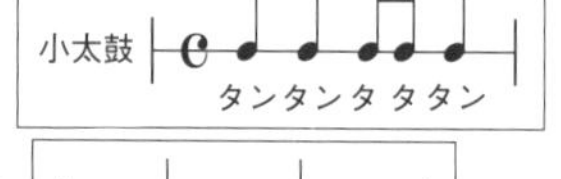とよくあわせます。
- カスタネットは（カスタ　タンタンタンタン）が基本。７～13小節目は（タン ウンタン ウン）のリズムに変わります。
- トライアングルは７小節目から、効果的に１拍目を鳴らします。（トライ　タン ウン ウン ウン）
- 大太鼓は３～６小節目、15小節目から、１拍目を元気よく加わります。（大太鼓　タン ウンウンウン）

③ 全体をあわせる注意点を知ろう

3～6小節は元気に、７～14小節は少し静かに、15～18小節は、太鼓が加わって元気よく演奏します。
23、24小節のリズムは、全員でピタッと決めるとかっこいいです。

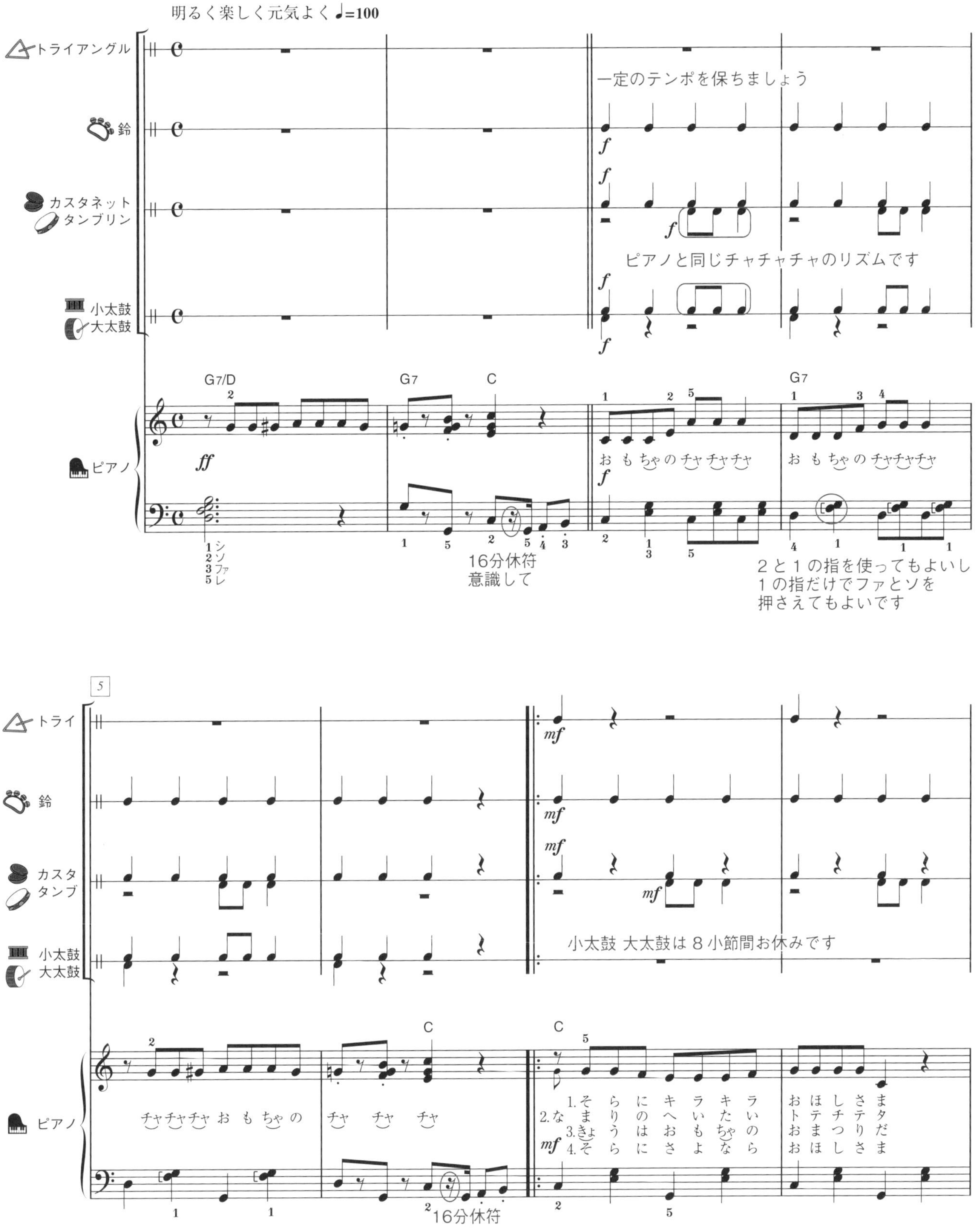

明るく楽しく元気よく ♩=100

トライアングル
鈴
カスタネット
タンブリン
小太鼓
大太鼓
ピアノ

G7/D　G7　C　G7

一定のテンポを保ちましょう

ピアノと同じチャチャチャのリズムです

おもちゃのチャチャチャ　おもちゃのチャチャチャ

1 シ
2 ソ
3 ファ
5 レ

16分休符
意識して

2と1の指を使ってもよいし
1の指だけでファとソを
押さえてもよいです

♫おもちゃのチャチャチャ

9

トライ
鈴
カスタ タンブ
小太鼓 大太鼓

Dm G7 F Em F

ピアノ

みんなスヤスヤ ねむるころ おもちゃははこを とびだして
ラッパならして こんばんは フランスにんぎょう すてきでしょう
みんなたのしく うたいましょう こひつじメエメエ こねこはニャー
まどにおひさま こんにちは おもちゃはかえる おもちゃばこ

13

トライ
鈴
カスタ タンブ
リズムが変わります
小太鼓 大太鼓

G G7 C C G7

ピアノ

おどるおもちゃの チャチャチャチャ
はなのドレスで チャチャチャチャ
こぶたブースカ チャチャチャチャ
そしてねむるよ チャチャチャチャ

おもちゃの チャチャチャ おもちゃの チャチャチャ

16分休符

17
1. 2. 3.
4.
トライ
鈴
カスタ
タンブ
小太鼓
大太鼓
ピアノ
C
G7
C
チャチャチャ おもちゃの
チャ チャ チャ
チャ チャ チャ
おもちゃの チャチャチャ
16分休符
16分休符

21
みんなでリズムをあわせましょう
トライ
鈴
カスタ
タンブ
小太鼓
大太鼓
ピアノ
G7
G
G7
C
おもちゃの チャチャチャ
チャチャチャ おもちゃの
チャ チャ
チャ

ぼよよん行進曲

作詞♪田角有里　中西圭三　作曲♪中西圭三　編曲♪小西貴雄

演奏時間 約２分１５秒

難易度 ★★★

模範演奏

ピアノ伴奏

楽器編成の目安（30人の場合）

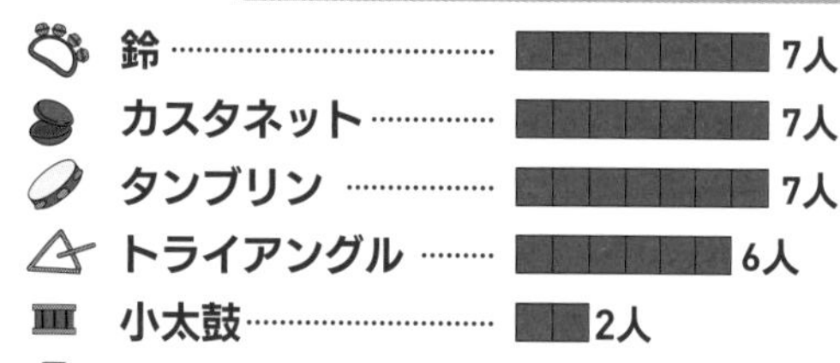

ねらい

- 曲の構成に応じたリズムパターンを元気よく演奏する。
- 強弱の変化を大胆に表現して、曲に色どりをつける。

演奏のポイント

４拍子で構成、大事にしたい拍はイチ / ニィ / サン / シィのうちの、２拍目と４拍目です。この曲のリズム感を感じましょう。

合奏指導の進め方

❶ １～６小節目のリズム

前奏部分は、全員でリズムのそろうところです。強弱の変化も大げさに表現するとよいでしょう。

❷ ７～13 小節目のリズム

この曲の中心となるリズムです。

３拍目の休符を大切に感じて、４拍目を慌てて演奏しないよう気をつけましょう。

❸ 15～21 小節目のリズム

７小節目からのリズムパターンを土台に、小太鼓と大太鼓が加わります。

小太鼓は２拍目だけ休むパターンを演奏します。大切にしたい２拍目が休みですが、４拍目はカスタネット、タンブリンにあわせて少し強調して演奏しましょう。

❹ 23～32 小節目のリズム

23 小節目から少し曲調が落ち着きます。音の強弱の変化を意識して表現しましょう。

❺ 33 小節～のリズム

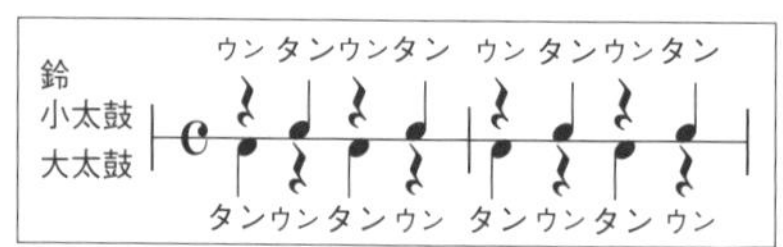

鈴と小太鼓、大太鼓のパターンは、大太鼓が１拍目３拍目、鈴と小太鼓が２拍目４拍目と、変化します。休符を感じながら、交互に鳴らすことを楽しんで演奏しましょう。

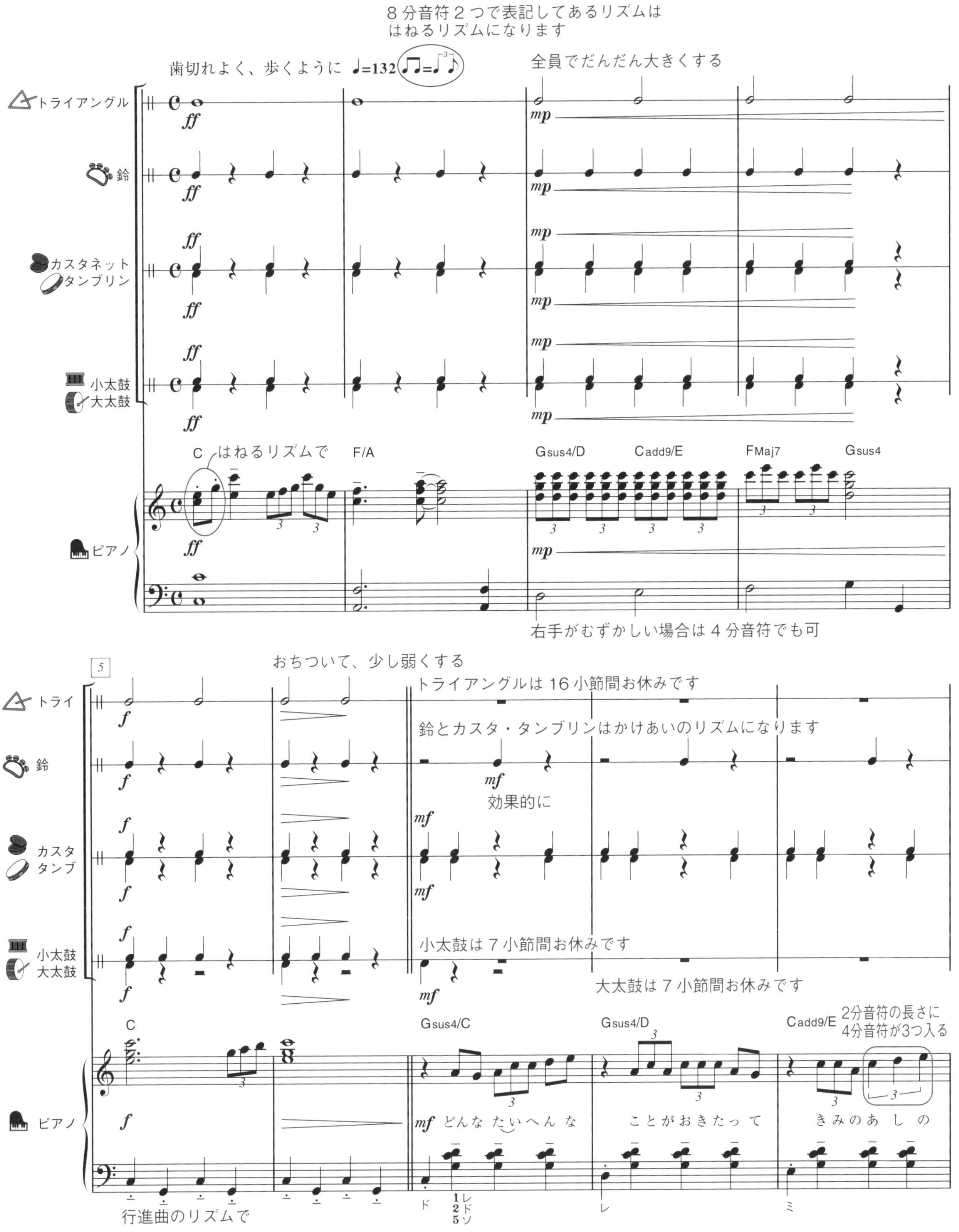

8分音符2つで表記してあるリズムは
はねるリズムになります

歯切れよく、歩くように ♩=132 (♫=♩♪)

全員でだんだん大きくする

トライアングル
鈴
カスタネット
タンブリン
小太鼓
大太鼓

C はねるリズムで　F/A　Gsus4/D　Cadd9/E　FMaj7　Gsus4

ピアノ

右手がむずかしい場合は4分音符でも可

♫ぼよよん行進曲

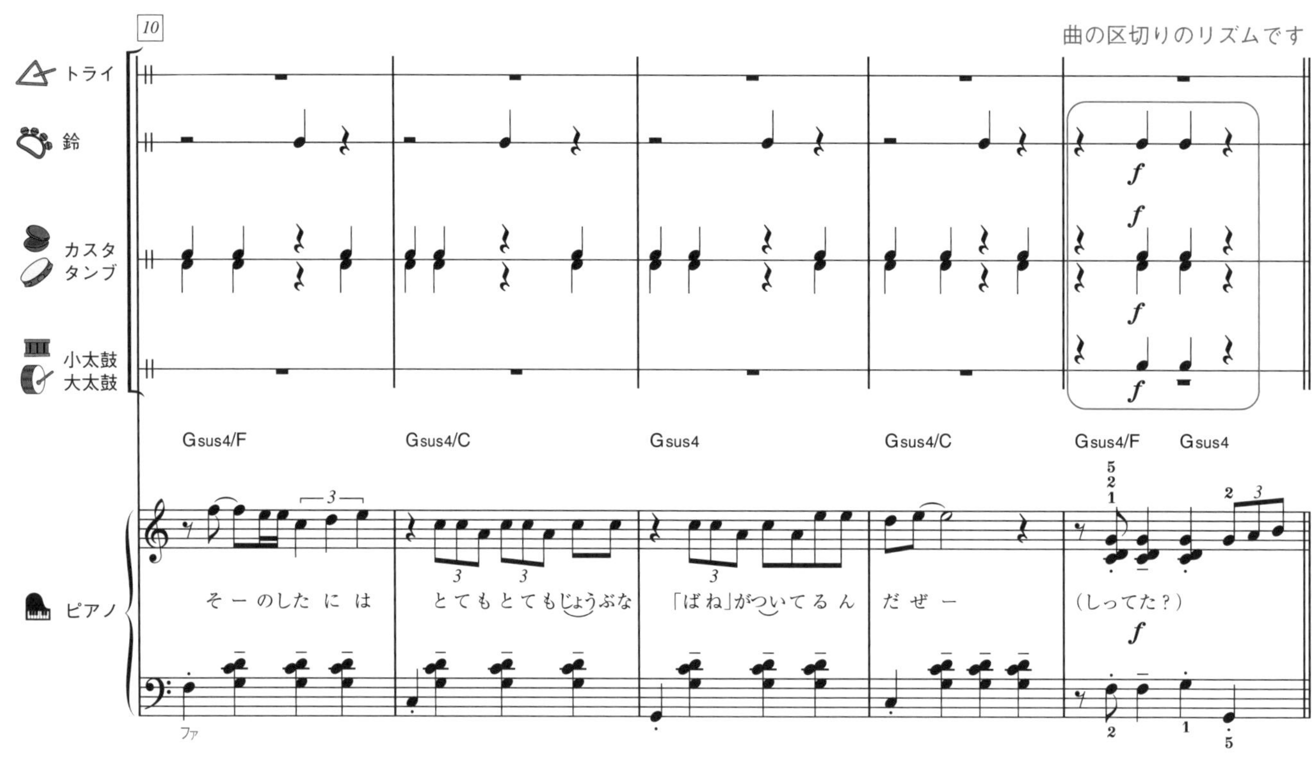

3歳児 ぼよよん行進曲

25

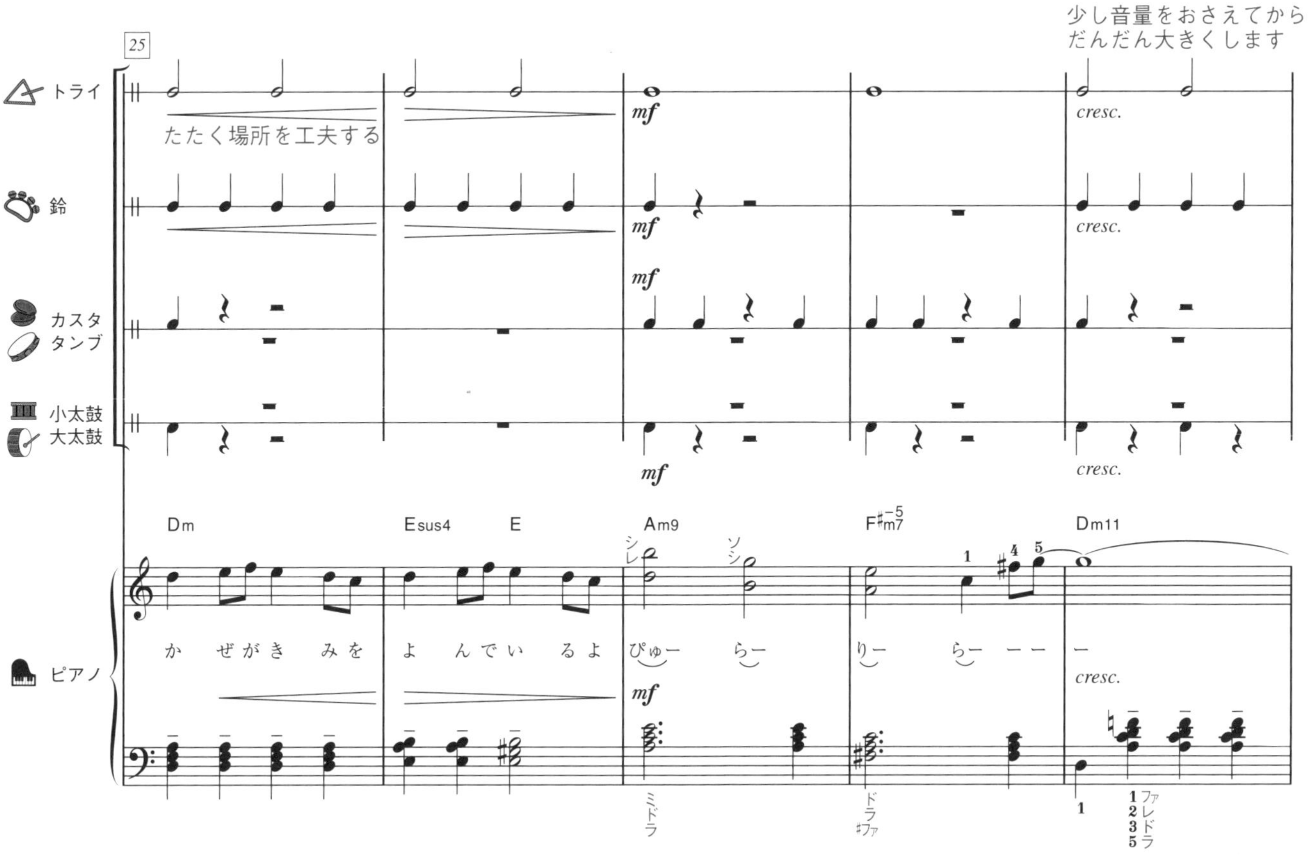

少し音量をおさえてから
だんだん大きくします

トライ
たたく場所を工夫する
mf
cresc.
鈴
mf
cresc.
カスタ
タンブ
mf
小太鼓
大太鼓
mf
cresc.
Dm　Esus4　E　Am9　F♯m7−5　Dm11
ピアノ
かぜがきみを　よんでいるよ　ぴゅー　らー　りー　らー　ーー　ー
mf
cresc.
ミドラ
ドラ♯ファ
1ファ 2レ 3ド 5ラ

♫ぼよよん行進曲

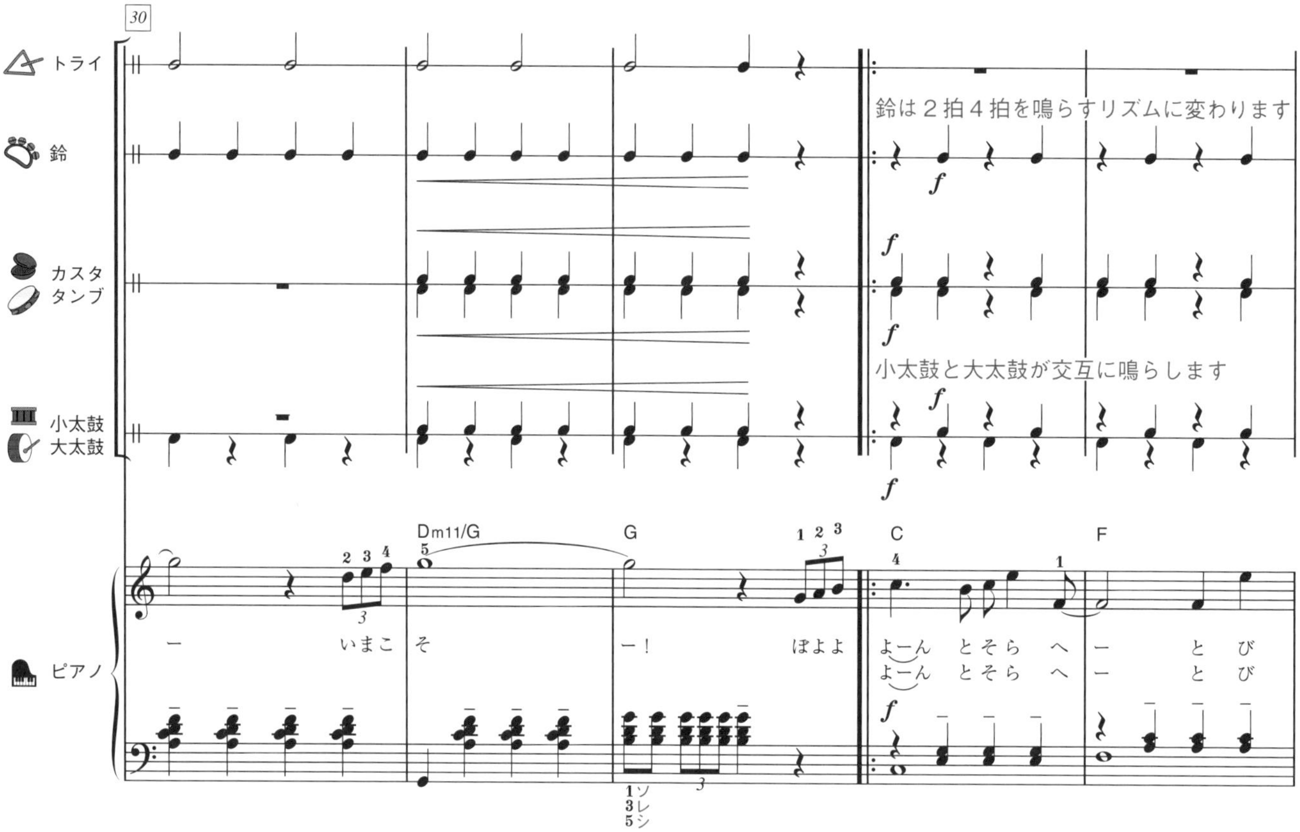
30
トライ
鈴
カスタ
タンブ
小太鼓
大太鼓
ピアノ
鈴は２拍４拍を鳴らすリズムに変わります
小太鼓と大太鼓が交互に鳴らします
Dm11/G
G
C
F
ー　いまこ　そ　ー！　ぼよよ　よーん　とそら　へ　ー　と　び
よーん　とそら　へ　ー　と　び
1ソ
3レ
5シ

35
トライ
鈴
カスタ
タンブ
小太鼓
大太鼓
ピアノ
Dm
E7
Am
F♯m7−5
Dm
あがっ　てみよ　う　ー　ほ　ら　あの　くも　まー　でーー　て　が　と　ど　き　そう
あがっ　てみよ　う　ー　ほ　ら　あの　ほし　さー　えーー　て　が　と　ど　き　そう

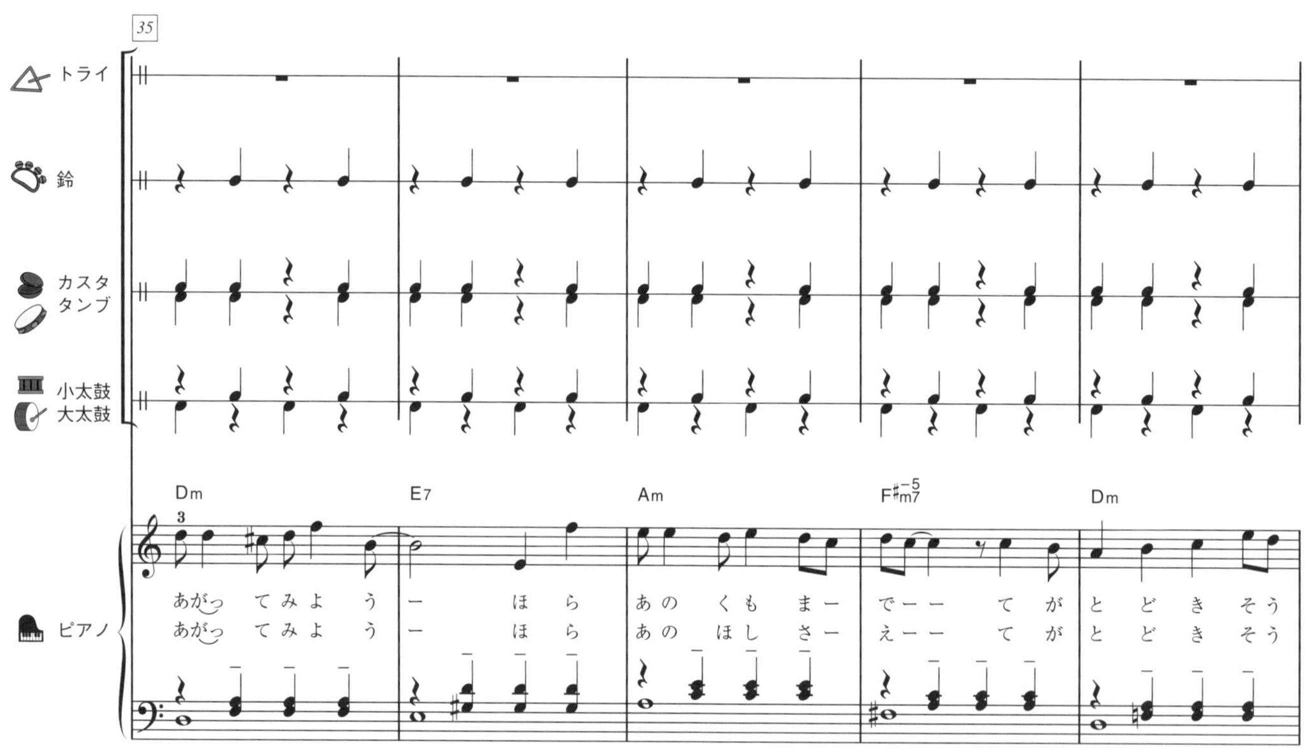

3歳児

ぼよよん行進曲

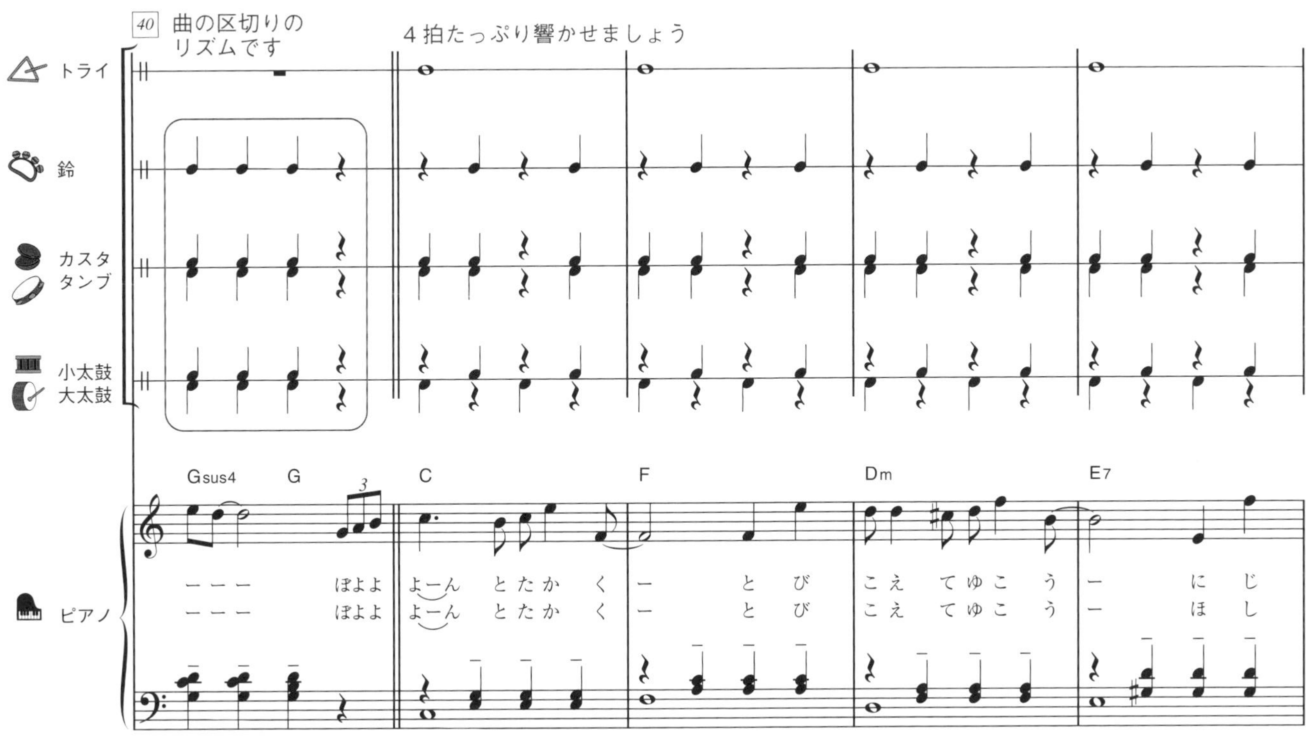
40
曲の区切りの
リズムです
4拍たっぷり響かせましょう
トライ
鈴
カスタ
タンブ
小太鼓
大太鼓
Gsus4 G C F Dm E7
ピアノ
ーーー ぼよよ よーん とたかく ー とび こえてゆこう ー にじ
ーーー ぼよよ よーん とたかく ー とび こえてゆこう ー ほし

45
全員の息をそろえて鳴らしましょう
トライ
鈴
カスタ
タンブ
小太鼓
大太鼓
Am F♯m7-5 Dm Em F Gsus4
ピアノ
の ふもとー で えが おでまって るきみ がい
の しずくー は はじ めてのあし たへと つづ

♫ぼよよん行進曲

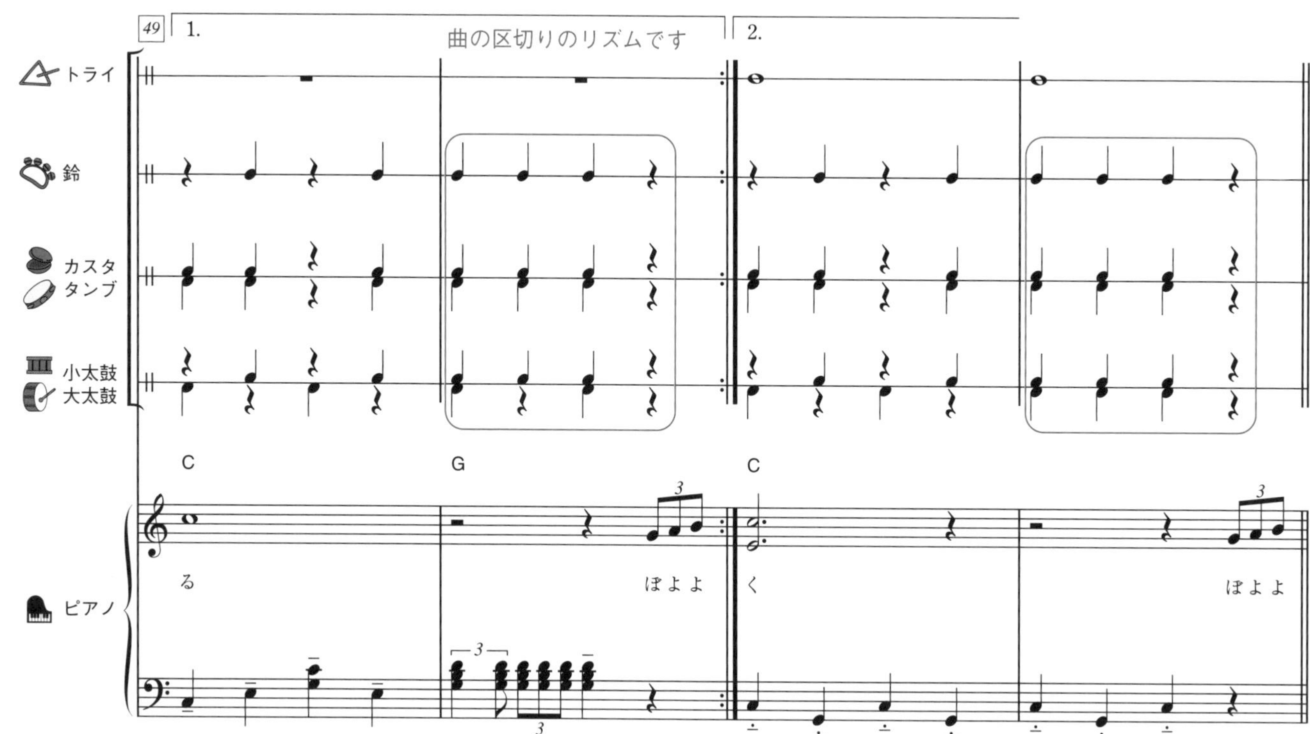

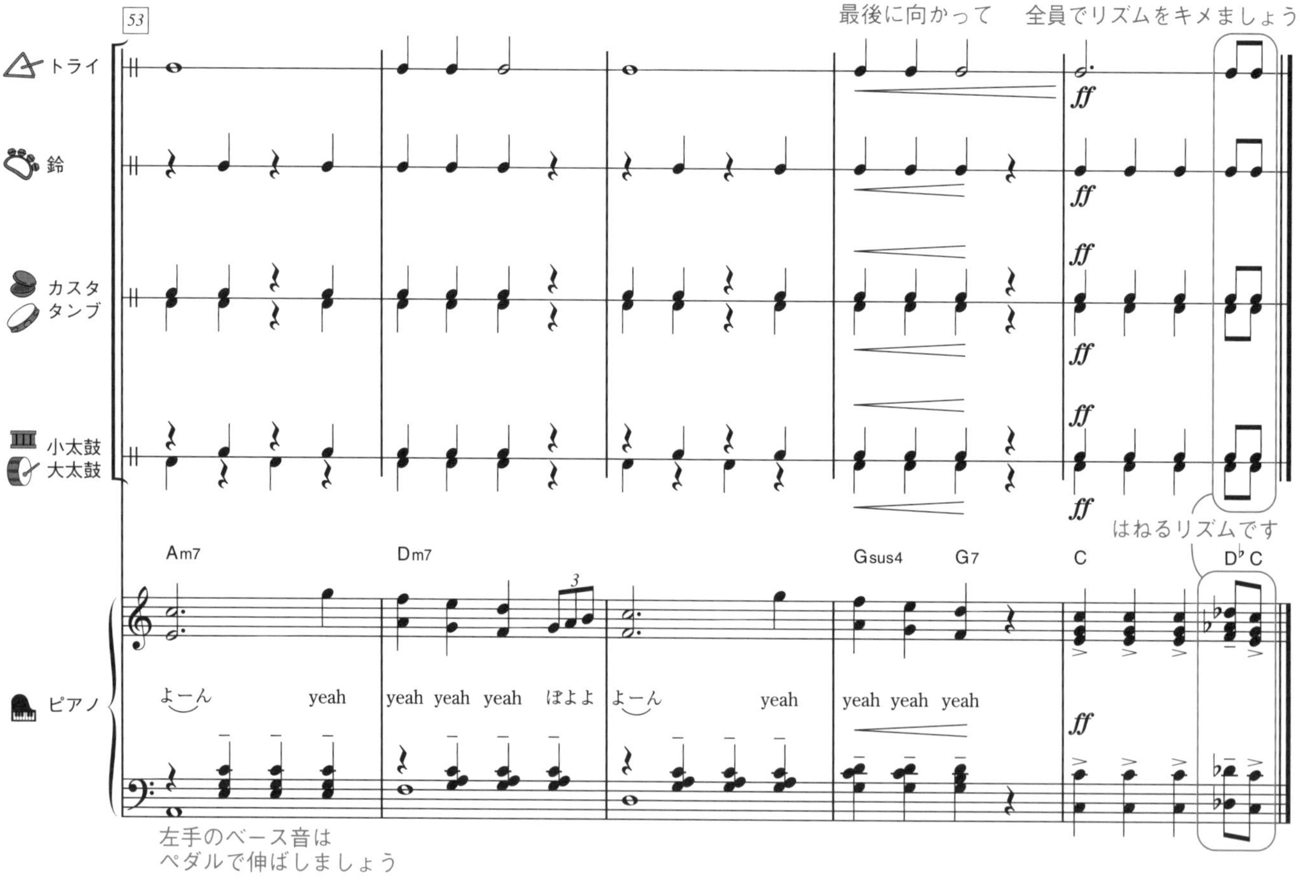

53

最後に向かって　全員でリズムをキメましょう

トライ

鈴

カスタ
タンブ

小太鼓
大太鼓

ff

はねるリズムです

Am7　Dm7　Gsus4　G7　C　D♭ C

ピアノ

よーん　yeah　yeah yeah yeah　ぼよよ　よーん　yeah　yeah yeah yeah

左手のベース音は
ペダルで伸ばしましょう

エンターテイナー

作曲♪S. ジョプリン

演奏時間 約1分45秒

難易度 ★★★

模範演奏

ピアノ伴奏

楽器編成の目安（30人の場合）

楽器	人数
鈴	8人
カスタネット	6人
タンブリン	6人
トライアングル	6人
小太鼓	3人
大太鼓	1人

- 強弱の変化があるので、そこを意識して演奏する。
- リズムを受けもつパートが交互に変わっていくので、他の楽器の音をよく聞く。

演奏のポイント

強弱の変化を多少大げさに表現した方が、おどけた感じになるので、*p*（ピアノ）と *f*（フォルテ）の差をはっきりとつけましょう。

合奏指導の進め方

❶ 1～4小節目

大太鼓以外の楽器で、リズムがみんなでそろいます。4拍目に気をつけて、息をあわせて演奏しましょう。

❷ 5～20小節目

2小節ごとにリズムを担当するパートが入れ替わります。最初の2小節を担当しているパートは、次につながるような意識をします。

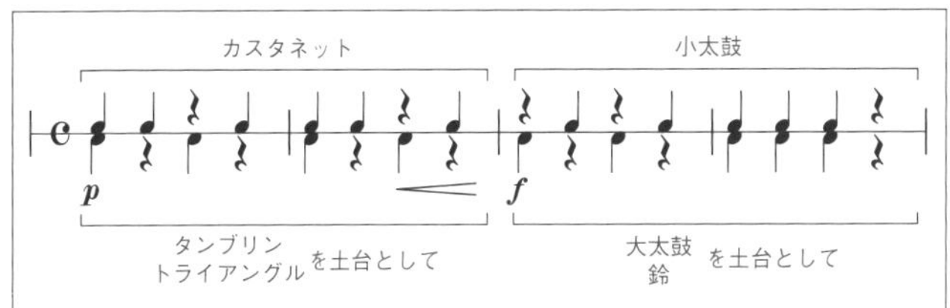

❸ 21～32小節目

ここからは、4小節ずつリズムの担当が変わります。

❹ 33～36小節目

パート全体が同じリズムで演奏します。*f* に向かって音量を大きくしていきましょう。

♫エンターテイナー

元気よく ♩=132
トライアングル
全員のリズムがそろうように息をあわせて。4拍目に気をつけよう
鈴
カスタネット
タンブリン
小太鼓
大太鼓
N.C.
G
ピアノ

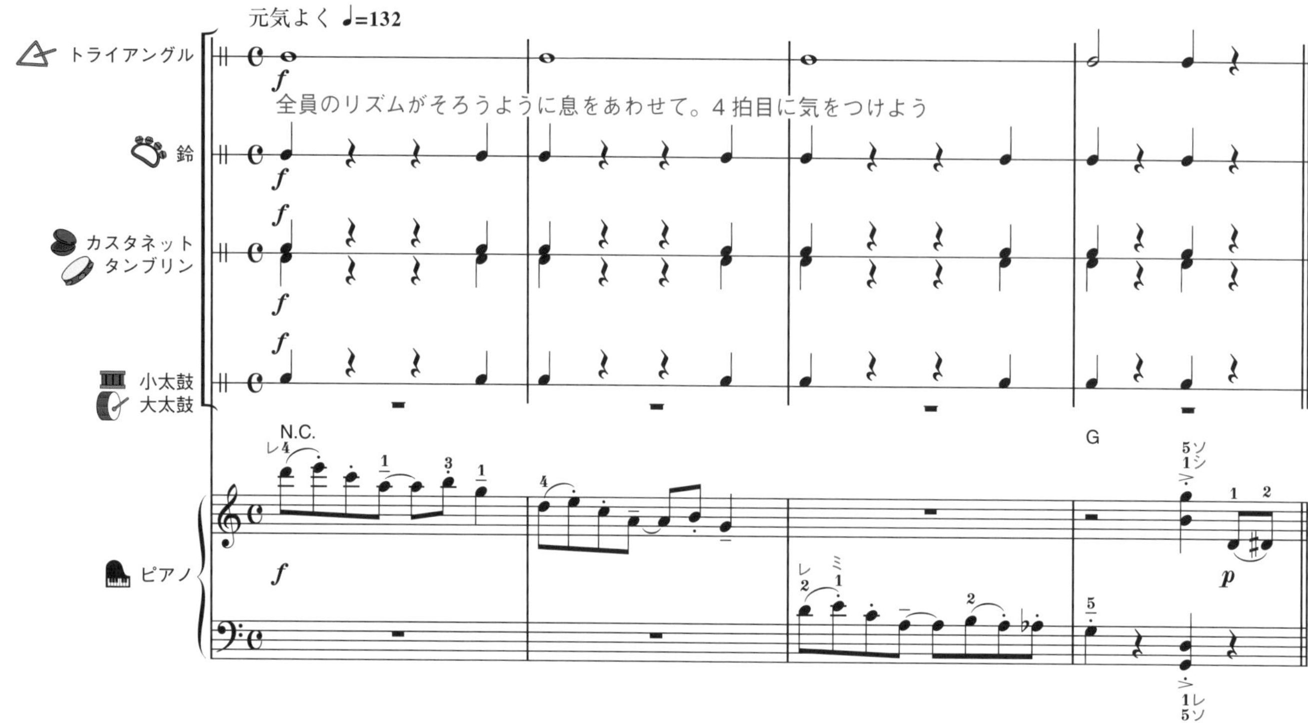

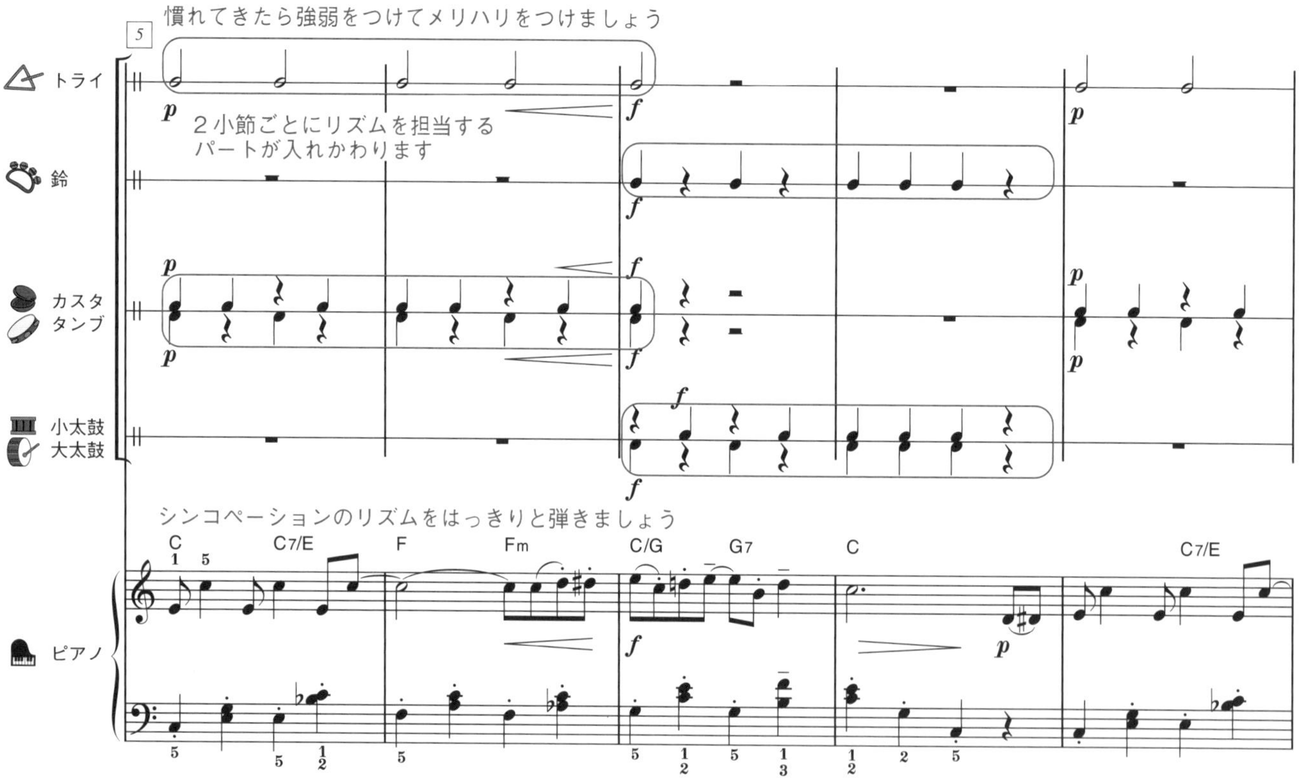

慣れてきたら強弱をつけてメリハリをつけましょう
5
トライ
2小節ごとにリズムを担当する
パートが入れかわります
鈴
カスタ
タンブ
小太鼓
大太鼓
シンコペーションのリズムをはっきりと弾きましょう
C
C7/E
F
Fm
C/G
G7
C
C7/E
ピアノ

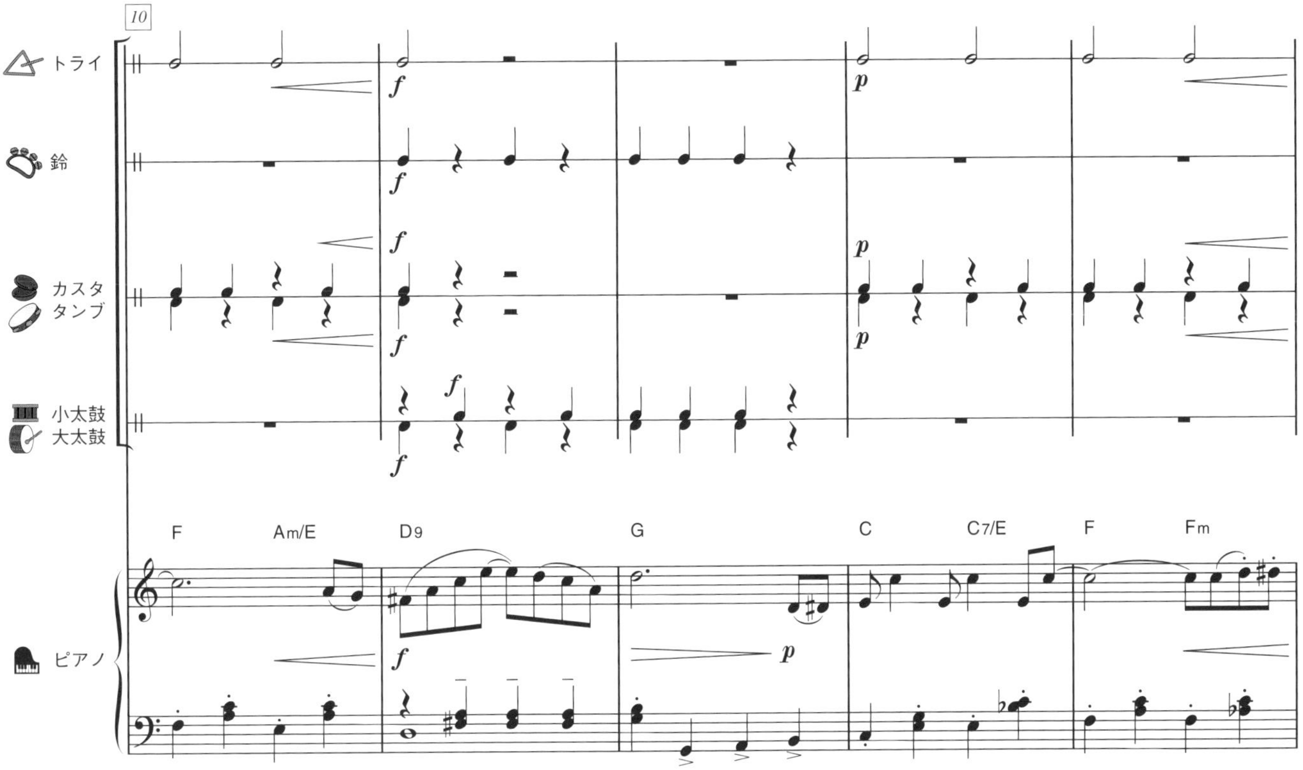
10
トライ
鈴
カスタ
タンブ
小太鼓
大太鼓
ピアノ
F Am/E D9 G C C7/E F Fm

15
トライ
鈴
カスタ
タンブ
小太鼓
大太鼓
ピアノ
C/G G7 C C7/B♭ F/A Fm/A♭ C/G G7
1ミ 2ド
1ミ 2ド 3♭シ
1ファ 2ド 4ラ
1ファ 2ド 4♭ラ
1ミ 2ド 5ソ
1ファ 3シ 5ソ

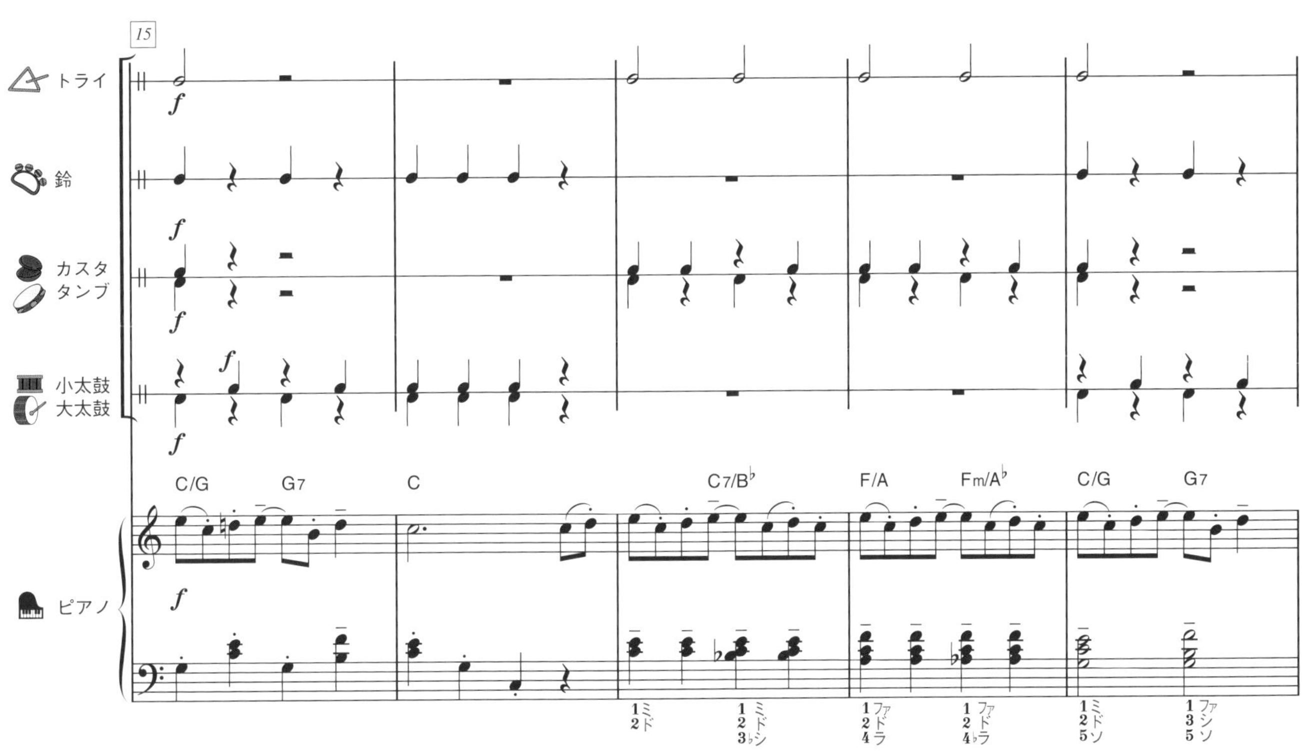

20
トライ
鈴
カスタ
タンブ
小太鼓
大太鼓
ピアノ
4 小節休み
4 小節休み
mf
C
F
Fm
左手の動きが細かくなるのでよく練習しましょう

24
トライ
鈴
カスタ
タンブ
小太鼓
大太鼓
ピアノ
4 小節休み
4 小節休み
p
C/G
G7
G7/B
C
G
D
ト音記号に
なります
ソ
ファ
シ
ド
ソ
ヘ音記号です

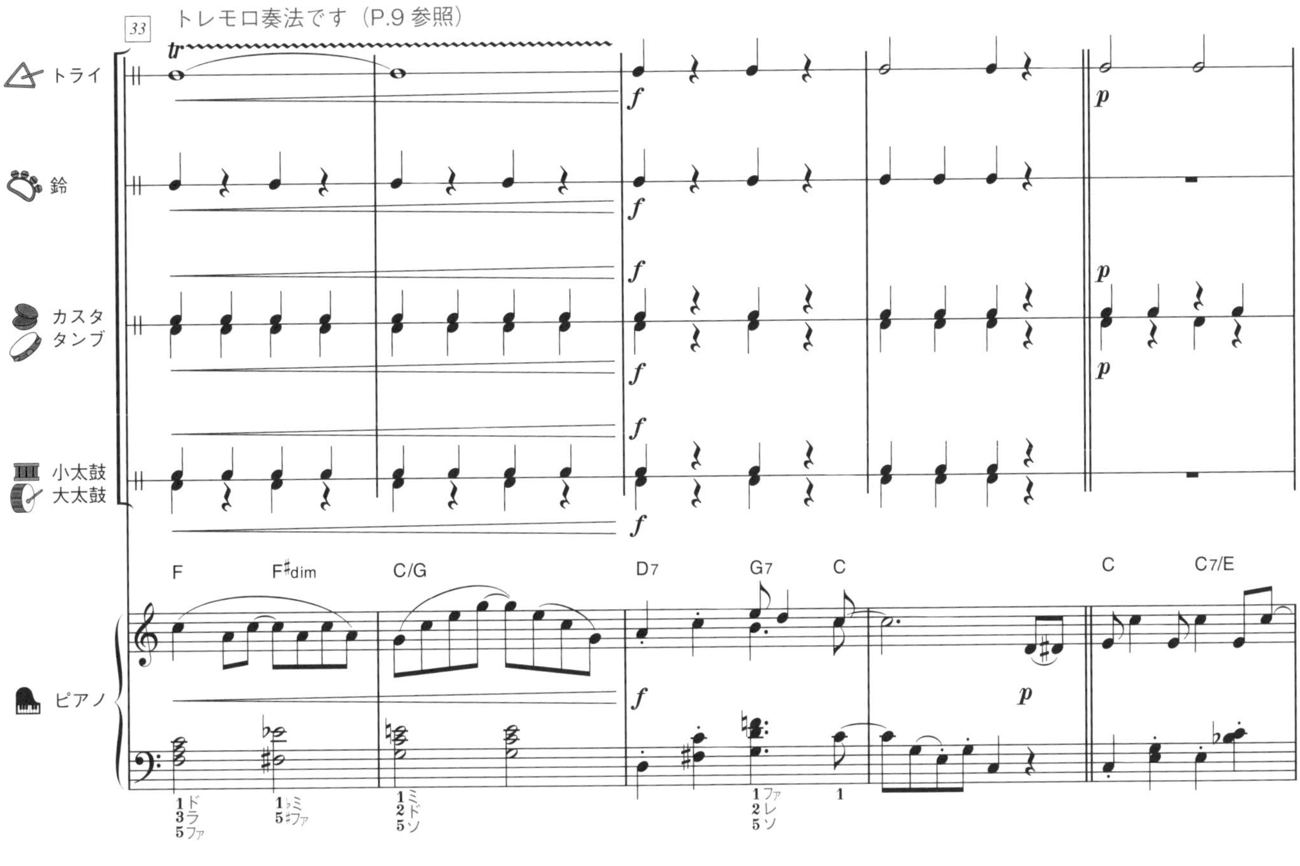

33
トレモロ奏法です（P.9 参照）
トライ
鈴
カスタ
タンブ
小太鼓
大太鼓
ピアノ
tr
f
p
F
F♯dim
C/G
D7
G7
C
C
C7/E
1ド 3ラ 5ファ
1ミ 5♯ファ
1ミ 2ド 5ソ
1ファ 2レ 5ソ
1

♫エンターテイナー

3 歳児 エンターテイナー

48

トライ
鈴
カスタ タンブ
小太鼓 大太鼓
ピアノ

C C7/B♭ F/A Fm/A♭ C/G G7 C

p

ト音記号です

小さい音からだんだん大きい音にもりあげて全員同じリズムでおわります

53

トライ
鈴
カスタ タンブ
小太鼓 大太鼓
ピアノ

p *cresc.*

f

C7/B♭ Am A♭aug C/G G7 C G7 C

cresc.

1ミ 2ド

1ミ 2ド 3♭シ

1ミ 2ド 4ラ

1ミ 2ド 4♭ラ

ヘ音記号 ファ シ ソ

おなかのへるうた

作詞♪阪田寛夫　作曲♪大中　恩

演奏時間 約50秒

難易度 ★☆☆

模範演奏

ピアノ伴奏

楽器編成の目安（30人の場合）

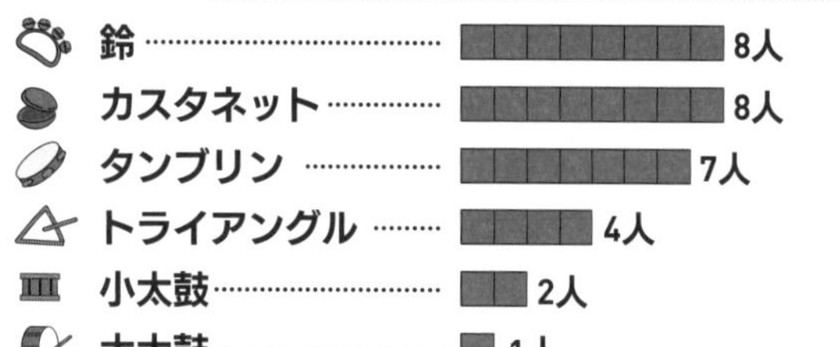

ねらい

- 物語性のあるユーモラスな曲を楽しむ。
- 楽器が多いので、友達の音にも耳をすませる。

演奏のポイント

ピアノは ♫ と記しましたが ♪ の感じです。全体的に３連符のリズムを感じながら演奏してください。

合奏指導の進め方

❶ 鈴のパート

最後まで 鈴 タン タン をきざみます。土台となるリズムですので、一定のテンポを保ちましょう。

❷ タンブリン、カスタネットのパート

タンブリンは  をくり返します。後半は、カスタネットの カスタ タン タン をよく聞いてあわせます。

❸ トライアングルのパート

イントロのみ トライ タン ウン 、５小節目からは トライ タン ウン ウン ウン の2小節パターンをくり返します。

❹ 小太鼓、大太鼓のパート

13小節目から入ります。 

小太鼓は速くなりがちなので気をつけます。

♫おなかのへるうた

楽しそうに ♩=112

トライアングル
mf
一定のテンポを保ちましょう

鈴
mf
カスタネットとタンブリンは
交互に鳴らします

カスタネット
タンブリン

小太鼓 大太鼓は
8小節間お休みです

小太鼓
大太鼓

C とぼけた感じで　G　Gdim　G7　C

ピアノ
3連符はおちついて弾きましょう
mf
ヘ音記号に
注意

1.ど う し て　お な か が
2.ど う し て　お な か が

最初はト音記号です
同じ音です
ソはタイです
1 ミ　2 ♯ド　4 ♮ラ　5
1 ファ　2 レ　3 シ
ソ ミ ド

7

トライ

鈴

カスタ
タンブ

カスタネットは
1小節に2拍
鳴らします

小太鼓
大太鼓

小太鼓と大太鼓は
交互に鳴らします

Cdim　C　Dm　Ddim　Dm　C

ピアノ

へ るの か　な　けん か を　す る と　へ るの か　な　な かよ し
へ るの か　な　お やつ を　た べない と　へ るの か　な　い ーく ら

♭ソ ♭ミ ド
♭ラ ファ レ
5　1 3

♫おなかのへるうた

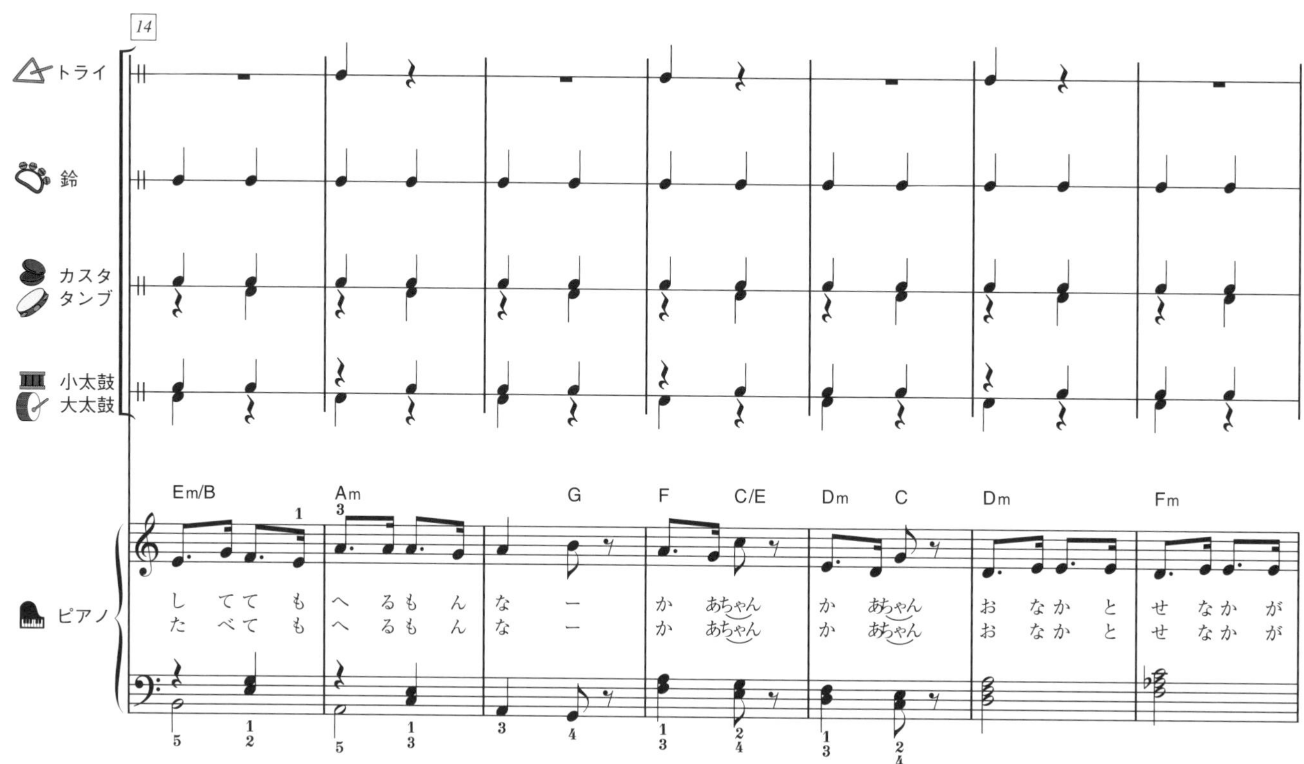

14
トライ
鈴
カスタ
タンブ
小太鼓
大太鼓
ピアノ
Em/B Am G F C/E Dm C Dm Fm
し てて も へ る も ん な ー か あちゃん か あちゃん お なか と せ なか が
た べて も へ る も ん な ー か あちゃん か あちゃん お なか と せ なか が

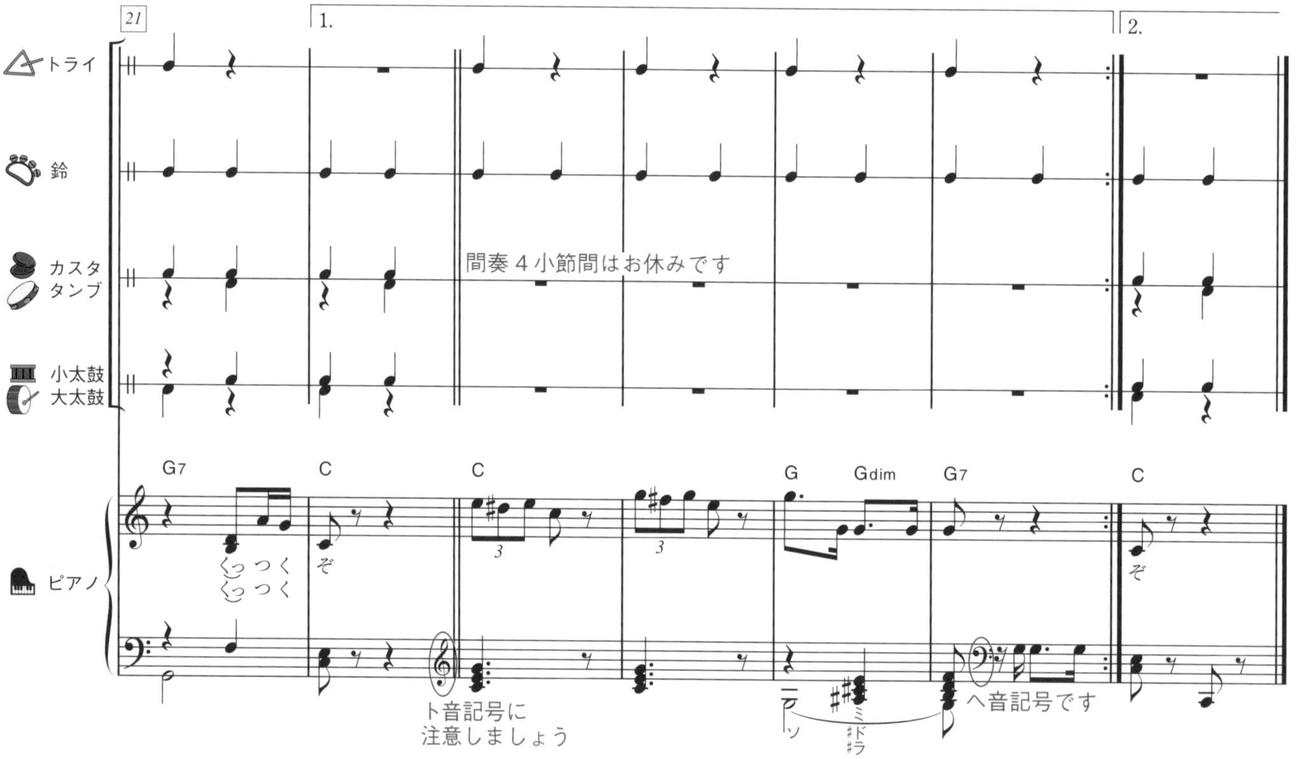

21
1.
2.
トライ
鈴
カスタ
タンブ
間奏４小節間はお休みです
小太鼓
大太鼓
ピアノ
G7 C C G Gdim G7 C
くっ つく ぞ ぞ
くっ つく
ト音記号に
注意しましょう
ソ
♯ド
ミ
♯ラ
へ音記号です

昔話メドレー 浦島太郎～桃太郎～花咲じいさん

作詞♪文部省唱歌～文部省唱歌～石原和三郎
作曲♪文部省唱歌～岡野貞一～田村虎蔵

演奏時間 約２分１０秒

難易度 ★☆☆

模範演奏

ピアノ伴奏

楽器編成の目安（30人の場合）

楽器	人数
鈴	8人
カスタネット	8人
タンブリン	7人
トライアングル	4人
小太鼓	2人
大太鼓	1人

ねらい

- ３つの昔話を読んで、それぞれの主人公に親しみをもつ。
- 物語を想像しながら、楽しんで演奏する。

演奏のポイント

１曲ごとに楽器の組み合わせが変わりますが、３曲通して同じリズムです。曲が変わるときの間奏に注意します。

合奏指導の進め方

❶ 浦島太郎

大太鼓は、

のくり返しです。堂々と演奏します。

カスタネットは、

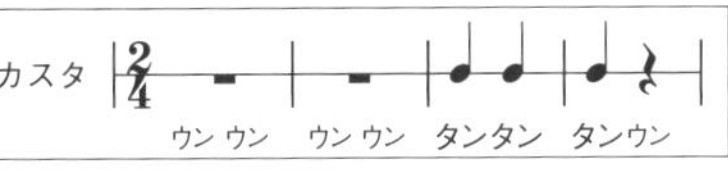

のくり返しです。

❷ 桃太郎

小太鼓、大太鼓、タンブリンはお休みです。メリハリをつけるために、トライアングルが登場します。

の１小節ごとに鳴らすリズムをくり返します。

鈴、カスタネットは、

を刻みます。速くならないように。

❸ 花咲じいさん

全パートでの大合奏です。トライアングルと大太鼓は、

のくり返しです。

小太鼓は

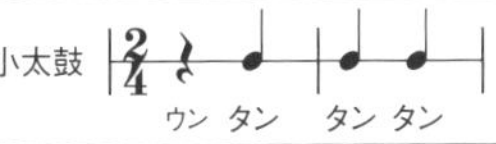

のくり返しですが、速くなりがちなのでピアノの伴奏をよく聞きましょう。特に１拍目のお休みがあわてないように、大太鼓の音をしっかり聞きます。

♫昔話メドレー

［浦島太郎］

楽しく ♩=約92
トライアングル
鈴
カスタネット
タンブリン
小太鼓
大太鼓
ピアノ
mf
鈴は「浦島太郎」はお休みです
テンポを一定に保ちましょう
小太鼓は２小節で１パターンです
大太鼓は４小節で１パターンです
前奏はピアノのみです
なめらかに
元気よく
mp
F　B♭　F/C　C7　F　F
1.む　か　し
2.お　と　ひ　め
6
トライ
鈴
カスタ
タンブ
小太鼓
大太鼓
ピアノ
F　C/E　F　B♭/D　F/C　C7
む か し　う ら し ま　は　た す け た　か め に　つ れ ら れ
さ ま の　ご ち そ う　に　た ー い や　ひ ら め の　ま い お ど

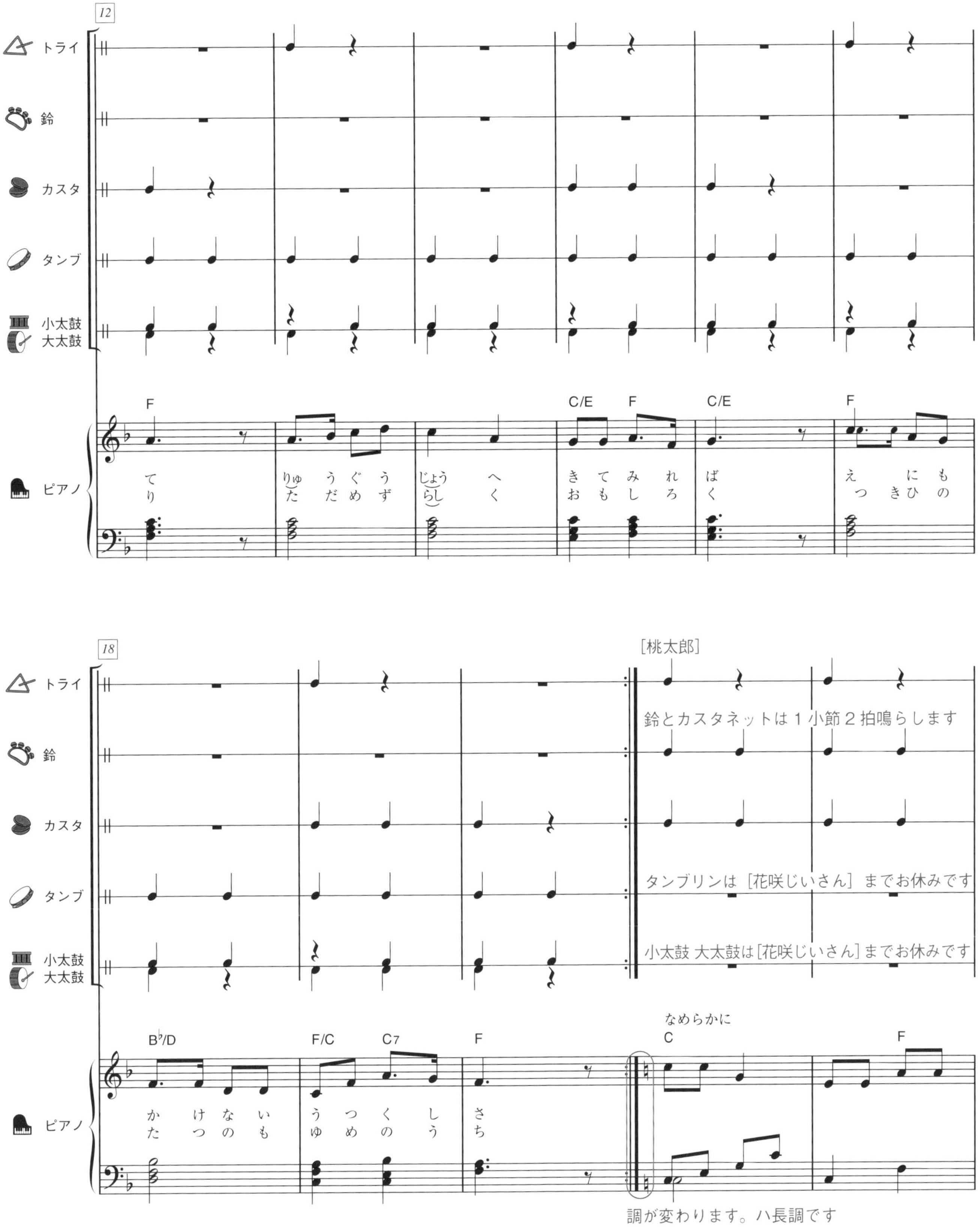

18

[桃太郎]

トライ

鈴とカスタネットは１小節２拍鳴らします

鈴

カスタ

タンブ

タンブリンは［花咲じいさん］までお休みです

小太鼓
大太鼓

小太鼓 大太鼓は［花咲じいさん］までお休みです

なめらかに

B♭/D F/C C7 F C F

ピアノ

か け な い う つ く し さ
た つ の も ゆ め の う ち

調が変わります。ハ長調です

4歳児 昔話メドレー

♫ 昔話メドレー

23
トライ
鈴
カスタ
タンブ
小太鼓
大太鼓
元気よく
G7
C
C
G7/B
ピアノ
1.も も たろう さん も も たろう さん
2.や り ましょう やりましょう
29
C
G7/B
C
F/C
C
F/C
おこしに つけた きびだんご ひとつ わたしに
これから おにの せいばつ に ついて いくなら

35
1.
2.
[花咲じいさん]
全員で演奏します
トライ
鈴
カスタ
タンブ
小太鼓
大太鼓
ピアノ
mf
テンポを一定に保ちましょう
タンブリンは後打ちで鳴らします
C G7/B C C C7 F F/A
く だ さ い な う
や り ま しょ
1.う ら の は た け で
2. い じ わ る じ い さ ん
へ長調に転調します
40
B♭ C F F/A C7
ぽ ち が な く しょう じ き じ い さ ん ほ っ た れ
ぽ ち か り て う ら の は た け を ほ っ た れ

♫ 昔話メドレー

45
トライ
鈴
カスタ
タンブ
小太鼓
大太鼓
F
Am/E
Dm
C
ピアノ
ば　お　お　ば　ん　こ　ば　ー　ん　が
ば　か　わ　ら　や　か　い　ー　が　ら
50
F/C
C7
F
こちらのリズムでもよいです
B♭
C
F
ザ　ク　ザ　ク　ザ　ク　ザ　ク
ガ　ラ　ガ　ラ　ガ　ラ　ガ　ラ

よろこびのうた

作曲♪L. V. ベートーヴェン

演奏時間 約２分

難易度 ★★☆

模範演奏

ピアノ伴奏

楽器編成の目安（30人の場合）

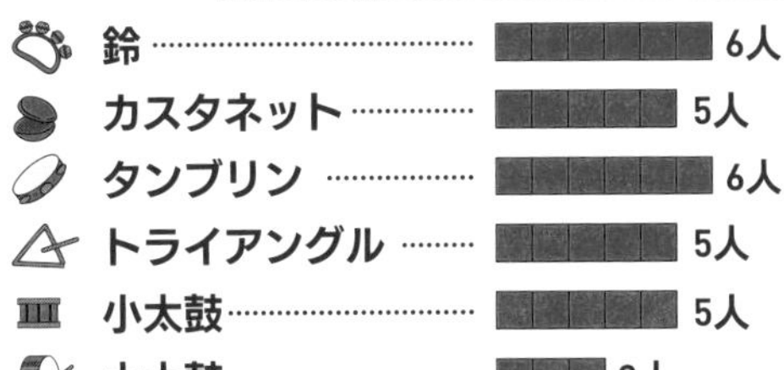

楽器	人数
鈴	6人
カスタネット	5人
タンブリン	6人
トライアングル	5人
小太鼓	5人
大太鼓	3人

ねらい

- 長い曲なので集中力をもって演奏する。
- 後半からのもりあがりを意識して演奏する。

演奏のポイント

喜びに満ちた様子を演奏していきます。４拍子の構成です。２拍目４拍目を意識すると曲全体のリズム感が心地よいものになります。

合奏指導の進め方

❶ ４小節のリズムパターンを覚えよう

この曲の基本のリズムパターンです。
手拍子でその感覚をつかみましょう。

❷ ２拍目４拍目のリズム感覚を意識しよう

２拍目４拍目をメインにした
リズムが多いので、その感覚を
つかみましょう。

「ウン／タン」を言いながら足踏みをします

❸ 音の強弱をはっきりとつけよう

前奏部分（１～４小節目）はfで、
５小節目からはpと表記があります。
音量の違いをはっきりとつけ、終わりまでの盛り上がりを表現します。

（5、6 小節のトライアングルは、休み）

♫ よろこびのうた

よろこびの気持ちをもって ♩=120
慣れてきたら強弱をつけてみましょう
８小節お休みです
トライアングル
鈴
カスタネット
タンブリン
小太鼓
大太鼓
D
A7/C♯
A
F♯/A♯
Bm
Em/G
A
D
D
A7/C♯
有名な
テーマです
最初はシンプルに
力を入れすぎずに
ピアノ
ラ
♯ファ
レ
ラ
ソ
♯ド

7
トライ
鈴
カスタ
タンブ
小太鼓
大太鼓
D
D/A
A
D
A7/C♯
D
A
D
ピアノ

13
トライ
鈴
カスタ
タンブ
小太鼓
大太鼓
ピアノ
A D A7/C♯ D A7/C♯ F♯ G/B E/G♯A D A7/C♯
タイです
♯ラ
♯ファ

19
トライ
鈴
カスタ
タンブ
小太鼓
大太鼓
ピアノ
少し強く
D A D A D A7/C♯ D A7/C♯ F♯ Bm E/G♯A
mp

♫よろこびのうた

25
トライ
鈴
カスタ
タンブ
小太鼓
大太鼓
2回目のテーマにむかって
だんだんともりあげていきます
D
A7/C♯
D
A
D
Dsus4
D
Gsus4/D
G/D
ピアノ

31
はずむように
トライ
mf
鈴
8小節間お休みです
カスタ
タンブ
タンブリン・小太鼓8小節間お休みです
小太鼓
大太鼓
1拍目をしっかり鳴らしましょう
Dsus4
D
A
D
D
A/C♯
D
D/A
A
ピアノ
2回目のテーマです

37
よろこびの気持ちをもって
トライ
鈴
カスタ
タンブ
小太鼓
大太鼓
ピアノ
D
A/C♯
D
A7
D
A7
D
A7
D
左手が細かく動きます

43
トライ
鈴
カスタ
タンブ
小太鼓
大太鼓
ピアノ
A7
F♯/A♯
Bm
E/G♯A
D
D/C
Em/B
A♯dim
D/A
A7
D

♫よろこびのうた

49
トライ
鈴
カスタ
タンブ
小太鼓
大太鼓
A7 D A7 D A7 F♯/A♯ Bm E/G♯A D D/C Em/B A♯dim
ピアノ

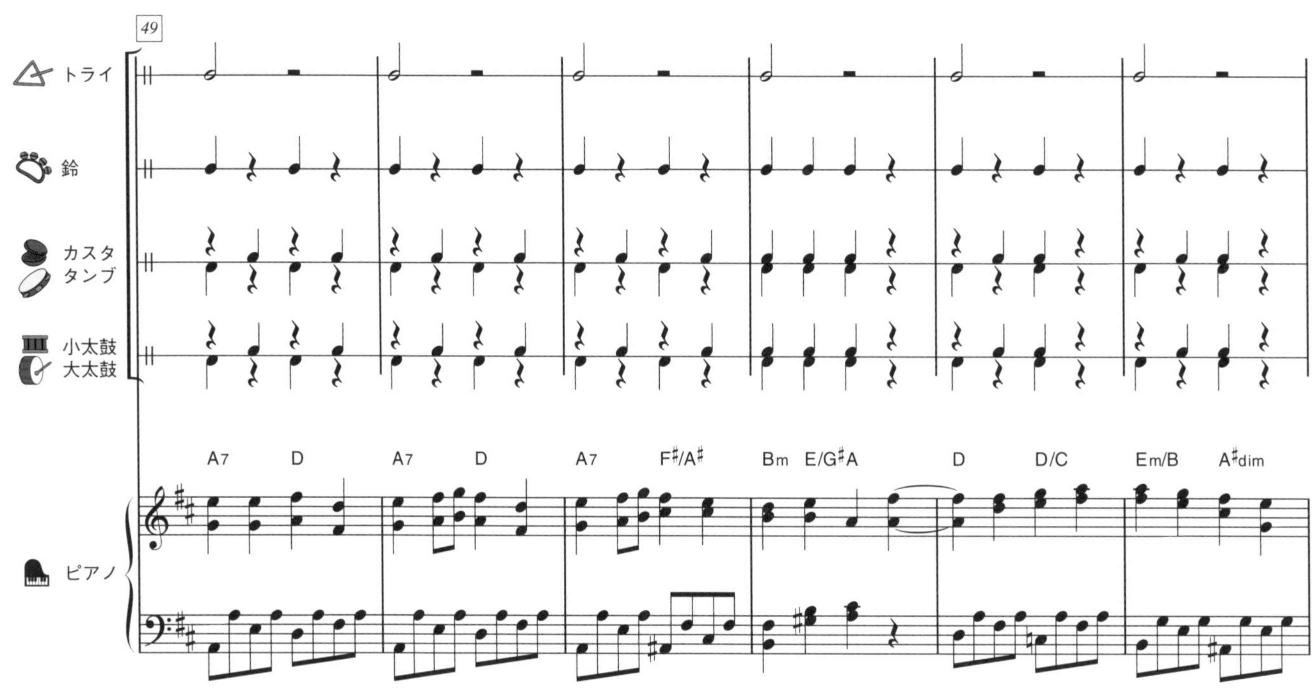

気持ちをあわせて
だんだん遅くして
おわりましょう

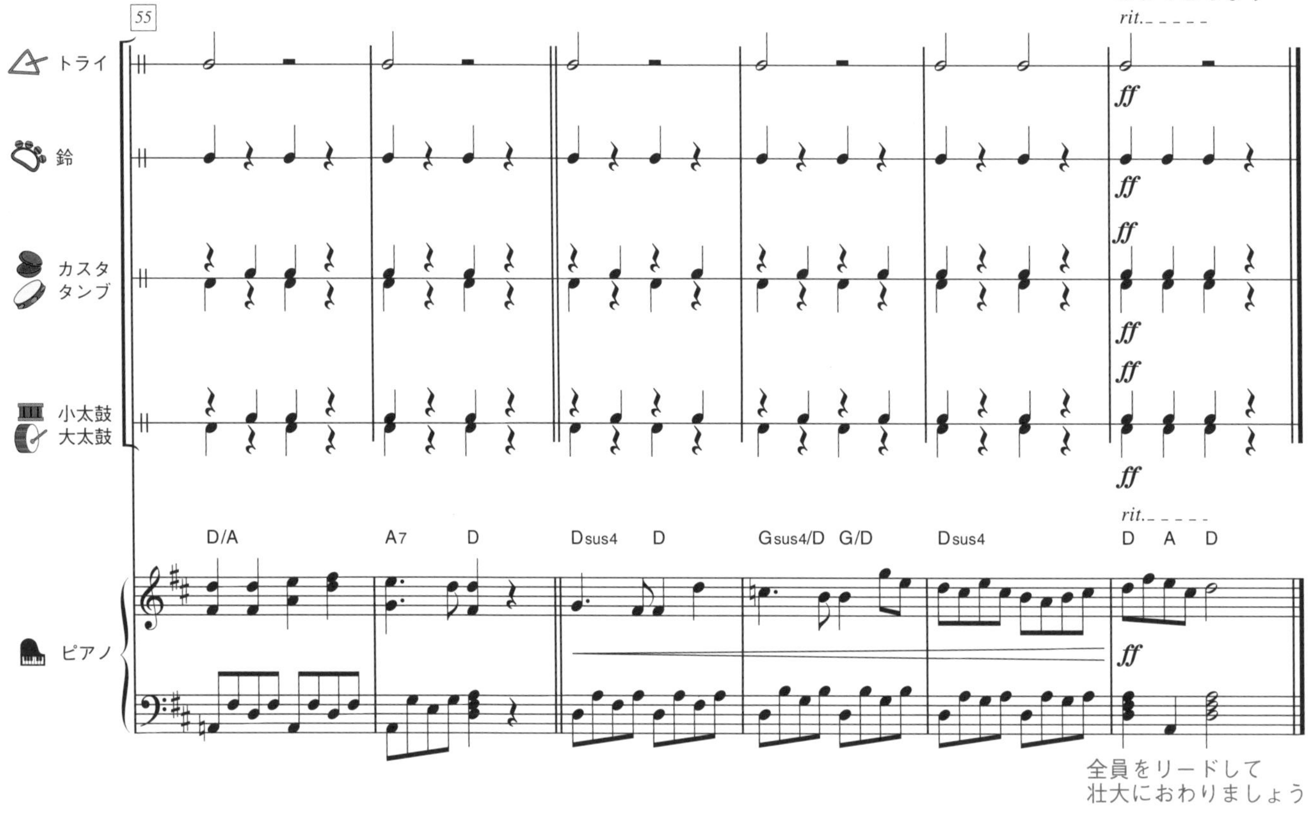
55
rit.
トライ
鈴
カスタ
タンブ
小太鼓
大太鼓
ff
D/A A7 D Dsus4 D Gsus4/D G/D Dsus4 D A D
ピアノ

全員をリードして
壮大におわりましょう

世界中のこどもたちが

作詞♪新沢としひと　作曲♪中川ひろたか

演奏時間 約2分

難易度 ★★☆

模範演奏

ピアノ伴奏

楽器編成の目安（30人の場合）

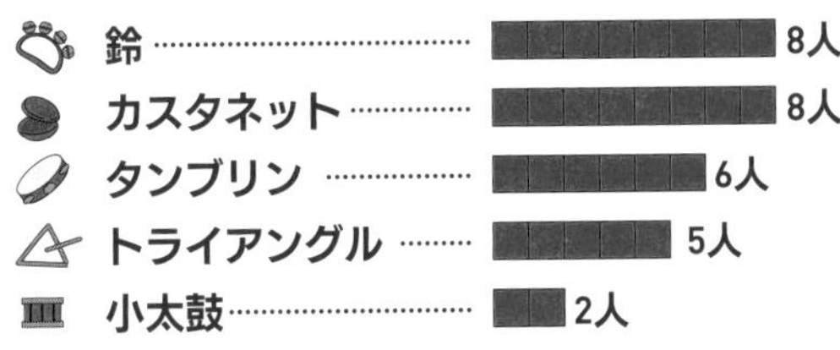

楽器	人数
鈴	8人
カスタネット	8人
タンブリン	6人
トライアングル	5人
小太鼓	2人
大太鼓	1人

ねらい

- 最後まで集中力をもって演奏する。
- 単調にならないよう、メリハリを意識する。

演奏のポイント

リズムのリードを取るのは小太鼓。大太鼓とあわせて堂々と演奏します。その上に楽器を重ねていきます。

合奏指導の進め方

① カスタネットとタンブリンのパート

基本のリズムは 1 拍目からはじまり、カスタネットとタンブリンは、コーダ以降 2 拍目からはじまることに注意します。

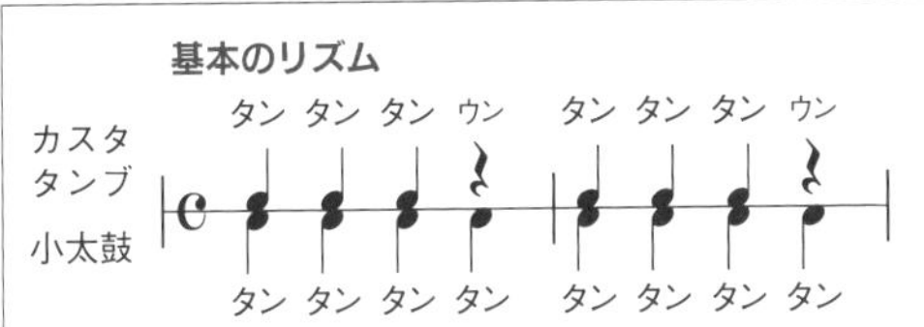

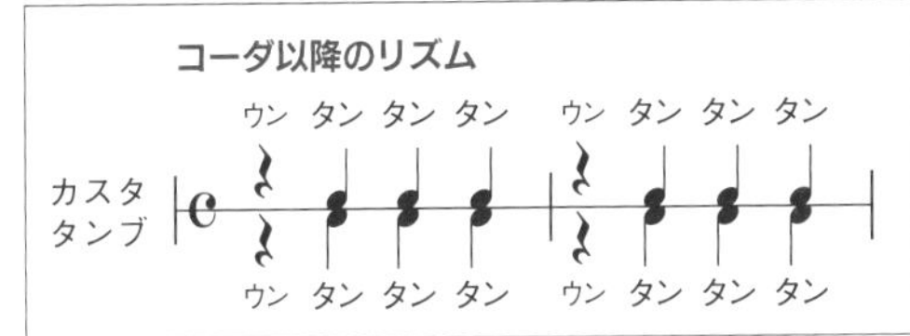

② サビのリズムパターンを覚えよう

サビのところはリズムパターンが変化します。カスタネットとタンブリンで2小節にわたるリズムパターンのかけあいがはじまり、サビの最後では全員合奏になります。

エンディングでもでてきます

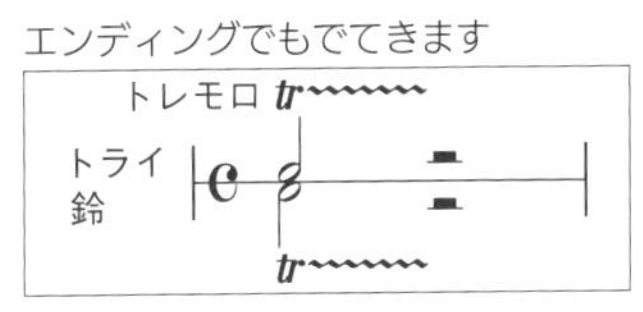

鈴とトライアングルはトレモロ奏法（P.8、9 参照）

♫ 世界中のこどもたちが

元気よく ♩=120
遅れずに入りましょう
トライアングル
鈴
カスタネット
タンブリン
小太鼓
大太鼓
G
ピアノ
1. せかい

5
トライアングルと鈴は２番、D.S. の回（３番）のみ演奏します
※2, 3番のみ
トライ
※2, 3番のみ
鈴
カスタ
タンブ
カスタネットとタンブリンは 16 小節間お休みです
テンポを一定に保ちましょう
小太鼓
大太鼓
G
Am
ピアノ
じゅう の こ ども た ち が いちど に わ らっ た ら そらも
じゅう の こ ども た ち が いちど に な ーい た ら そらも
じゅう の こ ども た ち が いちど に う たっ た ら そらも
（　）の音はメロディーの音と同じため
左手は弾かなくてもよいです

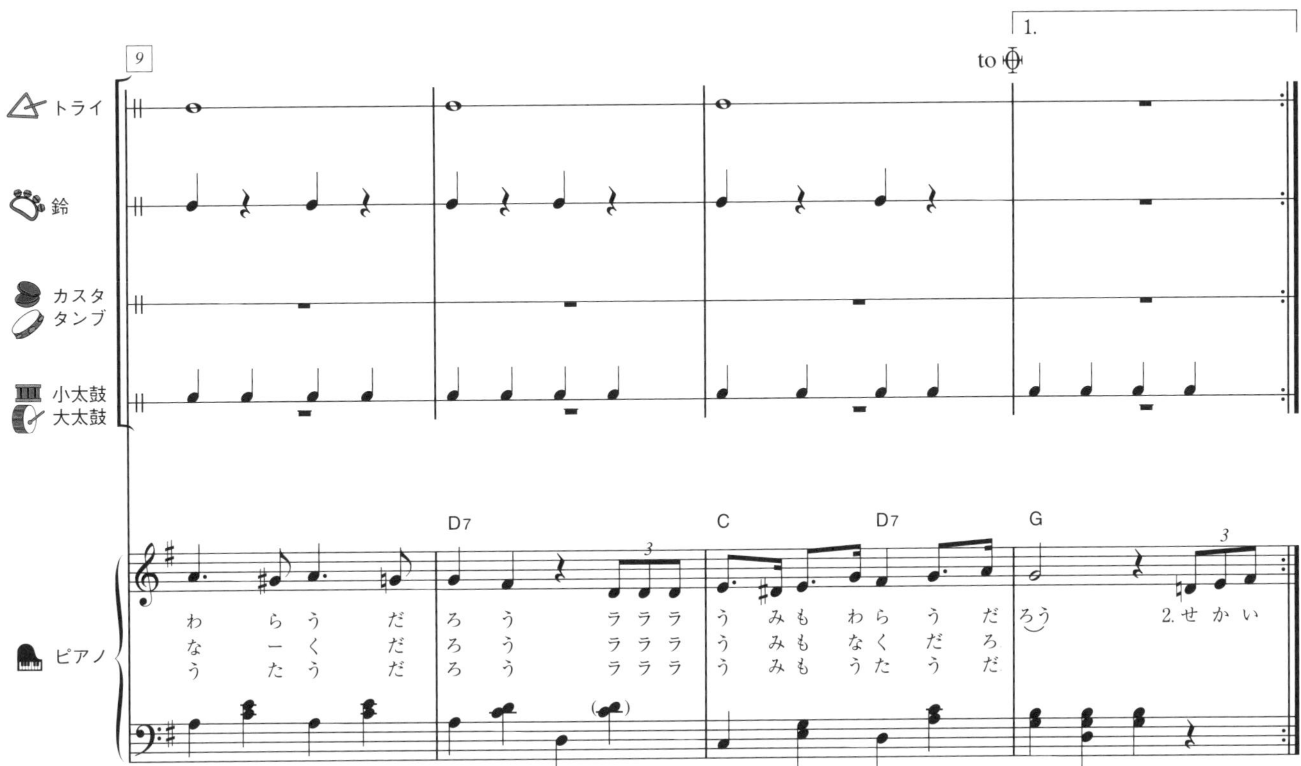
9
1.
to 𝄌
トライ
鈴
カスタ
タンブ
小太鼓
大太鼓
ピアノ
D7
C
D7
G
3
わ ら う だ ろ う ラ ラ ラ う み も わ ら う だ ろう 2.せ か い
な ー く だ ろ う ラ ラ ラ う み も な く だ ろ
う た う だ ろ う ラ ラ ラ う み も う た う だ

13
2.
トレモロ奏法（P.9 参照）
tr
トライ
鈴
カスタ
タンブ
小太鼓
大太鼓
カスタネットとタンブリンは２小節１パターンのリズムを
交互に演奏します
f
ピアノ
G
B7/D♯
Em
A7/C♯
D7
う ひろ げ よ う ぼ く ら の ゆ め を とど け よ う ぼ く ら の こ え を さか せ

♫ 世界中のこどもたちが

全員で同じリズムを鳴らします
休符を意識して息をあわせましょう
トライ
鈴
カスタ
タンブ
小太鼓
大太鼓
B7/D♯
Em
A/E
D
ピアノ
よ う ぼ く ら の は な を せ か い に に じ を か け よう 3.せ か い
mf
D.S.
ここから𝄋に戻り
to⊕で⊕Codaにとびます

⊕Coda
トライ
鈴
テンポを一定に保って、軽やかに
カスタ
タンブ
テンポを一定に保って、軽やかに
小太鼓
大太鼓
G
G
ピアノ
ろう ラ ラ ラ ラ ラ ラ ラ ラ ラ ラ ラ ラ ラ ラ ラ ラ ラ ラ

31 2.

力強く

tr tr

トライ

f

力強く

tr tr

鈴

f

カスタ
タンブ

小太鼓
大太鼓

G Am7 D7 G C G

ソ

ピアノ

ラ ラ ラ ラ ラ ラ ラ ラ ラ ラ ラ ラ ラ ー

ソ

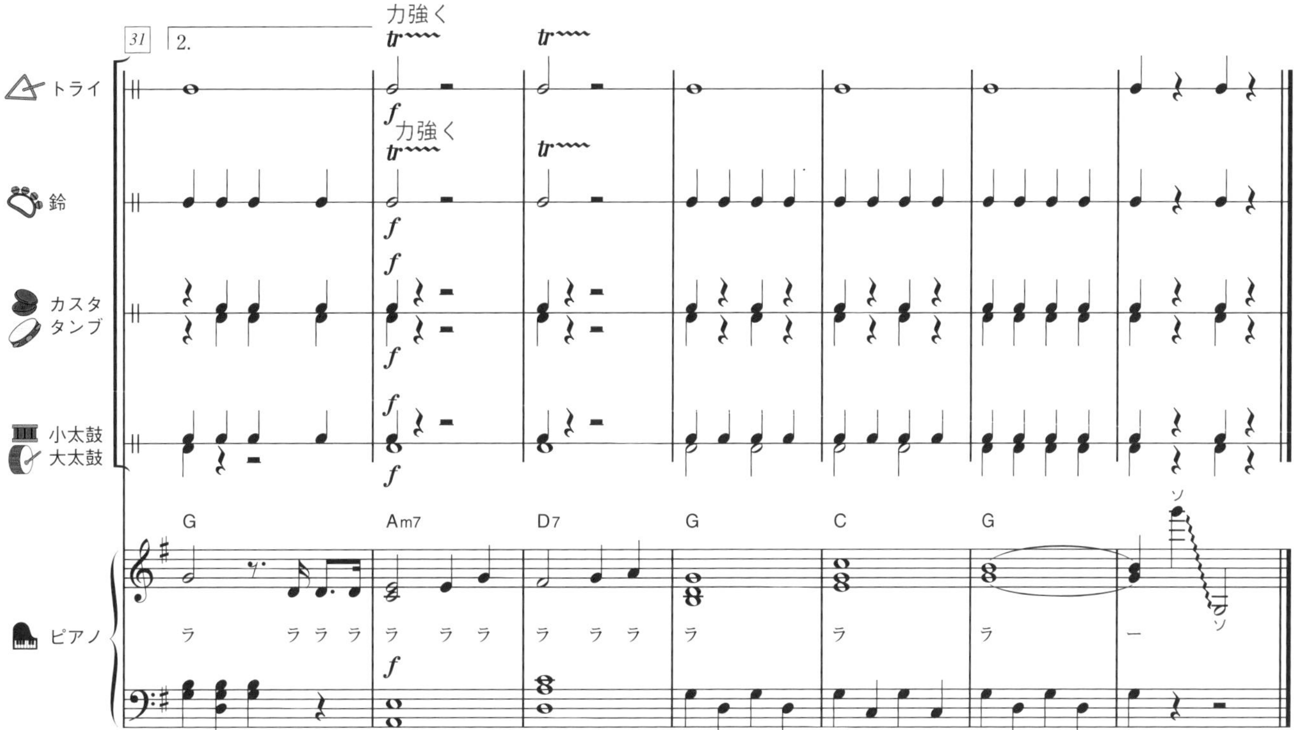

グリッサンド
むずかしい場合は
省略してください

ありがとうの花

作詞／作曲♪坂田おさむ　編曲♪池　毅

演奏時間 約2分25秒

難易度 ★★☆

模範演奏

ピアノ伴奏

楽器編成の目安（30人の場合）

楽器	人数
鈴	8人
カスタネット	8人
タンブリン	7人
トライアングル	4人
小太鼓	2人
大太鼓	1人

ねらい

- 複数のリズムパターンの違いを感じる。
- 軽快な明るい曲を楽しんで演奏する。

演奏のポイント

小太鼓と大太鼓、カスタネットとタンブリンでリズムのベースを作り、鈴とトライアングルを重ねていくのがよいでしょう。

合奏指導の進め方

❶ カスタネット、タンブリン、小太鼓、大太鼓のリズムパターン

基本のリズムです。

❷ トライアングル、鈴のリズムパターン

トライアングルは全音符が中心です。鈴は８分音符中心で、６小節目からは４分音符も出てきます。８分音符が速くなりすぎないように注意します。25小節目はトレモロ奏法です。

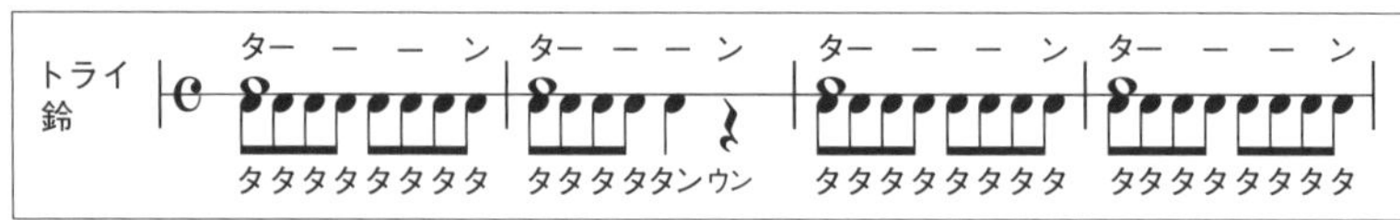

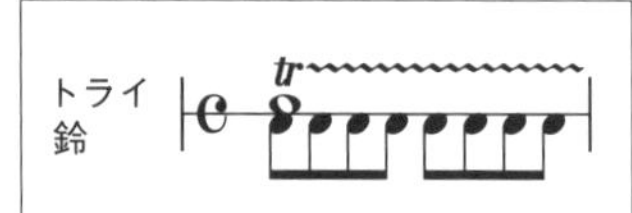

コーダのトライアングルはトレモロ奏法です（P.9参照）。

明るく軽快に ♩≒88
前奏は５小節です
トライアングル
細かいリズムです。力をぬいて鳴らしましょう
鈴
カスタネット
タンブリン
小太鼓
大太鼓
F
A
Dm
Bm7-5
F/C
C7
ピアノ

4
トライ
鈴
カスタ
タンブ
小太鼓
大太鼓
9小節お休みになります
16分音符がころばないように
この曲の特徴的なリズムです
F
F
C/E
Dm
C
ピアノ
1. ありがとうっ ていっ たら みんな がわらってる
2. ぼくらの ゆめは みんなと いっしょにうたうこと

♫ ありがとうの花

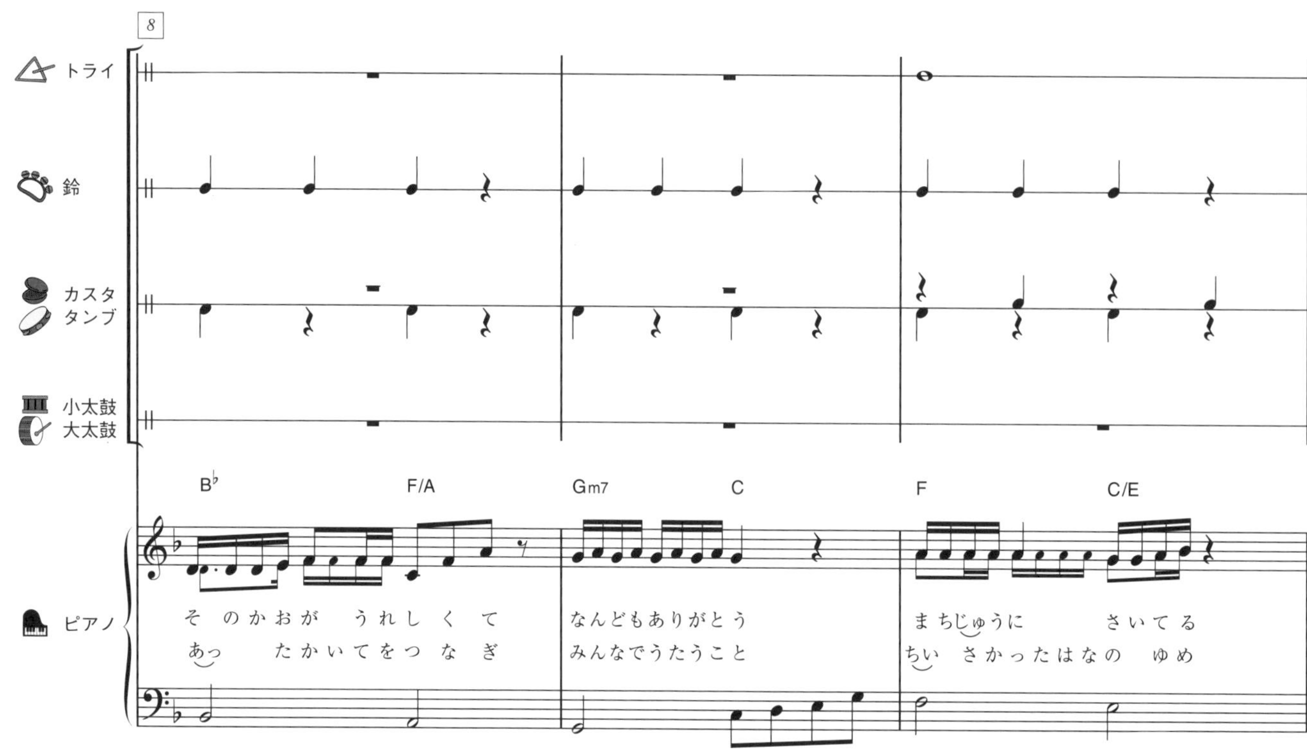

8
トライ
鈴
カスタ
タンブ
小太鼓
大太鼓
B♭ F/A Gm7 C F C/E
ピアノ
そ のかおが うれしくて なんどもありがとう まちじゅうに さいてる
あっ たかいてをつなぎ みんなでうたうこと ちい さかったはなの ゆめ

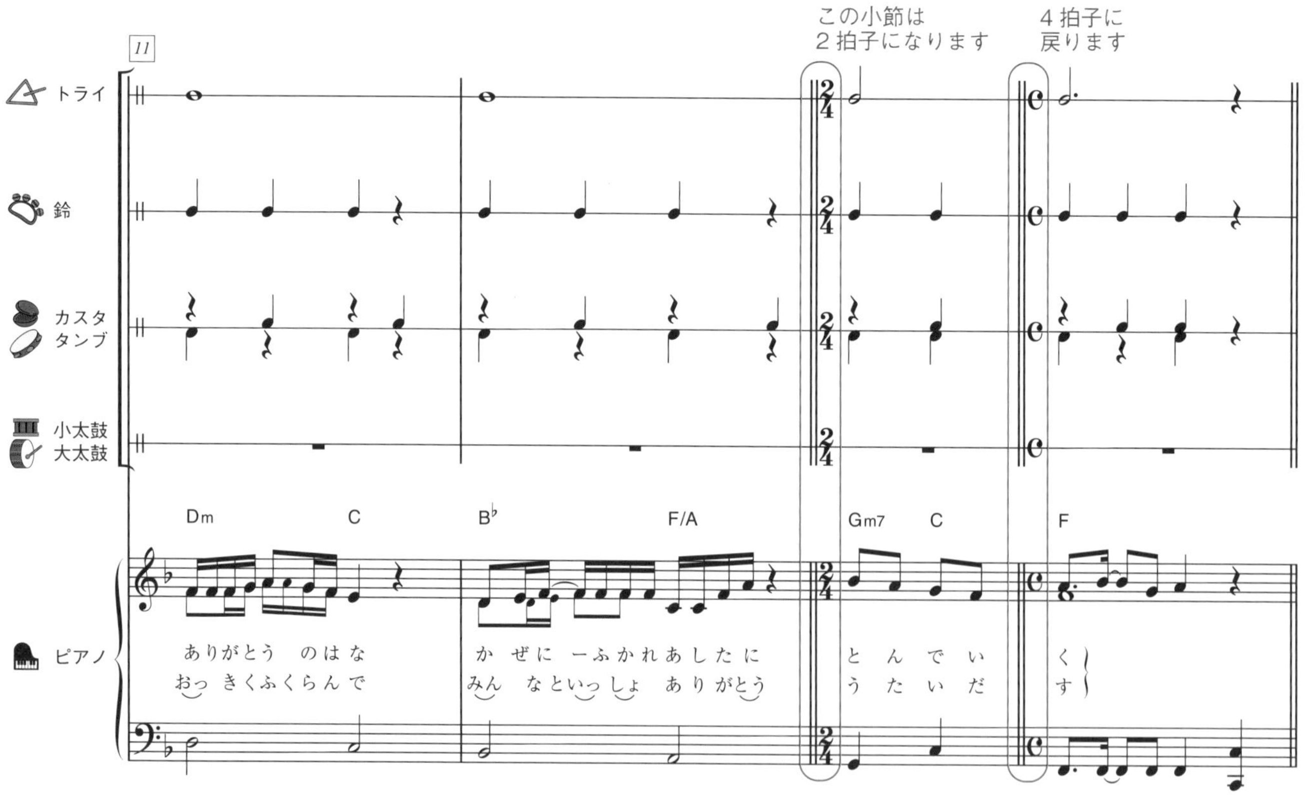

この小節は
2拍子になります
4拍子に
戻ります
11
トライ
鈴
カスタ
タンブ
小太鼓
大太鼓
Dm C B♭ F/A Gm7 C F
ピアノ
ありがとう のはな かぜに ーふかれあしたに とんでい く
おっ きくふくらんで みん なといっしょ ありがとう うたいだ す

15
トライ
鈴
カスタ
タンブ
小太鼓
大太鼓
ピアノ
F C/E Dm C B♭ F/A Gm7 C
ありがとうのは ながさくよ きみのまちにも ホラいつか
オクターブが難しい場合は上の音だけでもよいです
19
to Φ
1.
F C/E Dm F/C Bm7-5 F/C C7 F
ありがとうのは ながさくよ み んながわらってるよ ー
(2,𝄋)み んながうたってるよ

♫ありがとうの花

2.
Coda 響かせて
トレモロ奏法（P.9 参照）
トライ
鈴
カスタ
タンブ
小太鼓
大太鼓
ピアノ
F
F
F
B♭
F/C
C7
ー
ー
み
んながうたってるよ
D.S.
ここから 𝄋 に戻り
to 𝄌 で 𝄌 Coda へとびます
F
ー

手のひらを太陽に

作詞♪やなせたかし　作曲♪いずみたく

演奏時間 約2分35秒

難易度 ★★☆

模範演奏

ピアノ伴奏

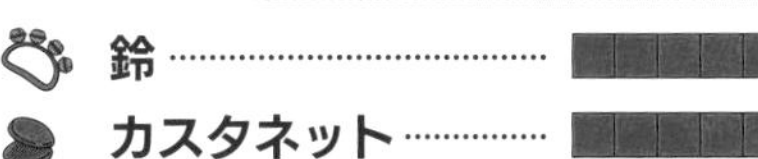

楽器	人数
鈴	6人
カスタネット	6人
タンブリン	4人
トライアングル	5人
小太鼓	2人
大太鼓	1人
ウッドブロック	6人

ねらい

- テンポが早くならないようおちついて演奏する。
- みんなで演奏し、楽器の音色が重なり合うことを楽しむ。

元気よく生き生きとした曲です。休符に注意しながら、楽器があわさるハーモニーを楽しみましょう。

合奏指導の進め方

❶ 5～12小節、17～20小節、25、26小節目の練習をしよう

Aグループ：鈴、タンブリン、小太鼓
Bグループ：カスタネット、トライアングル、ウッドブロック、大太鼓

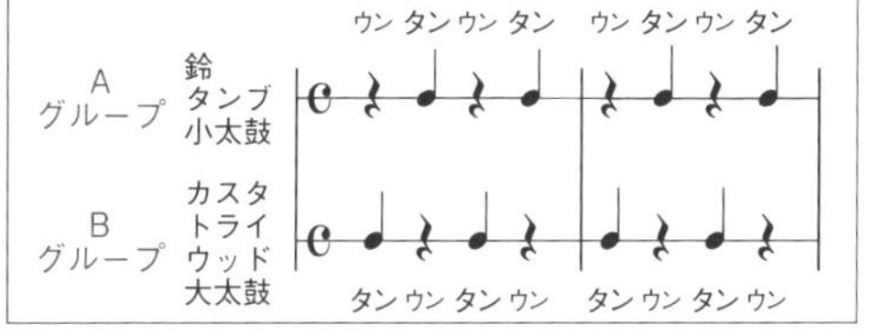

❷ 13～16小節目の練習をしよう

Aグループ：鈴、カスタネット、タンブリン、トライアングル
Bグループ：ウッドブロック、小太鼓、大太鼓

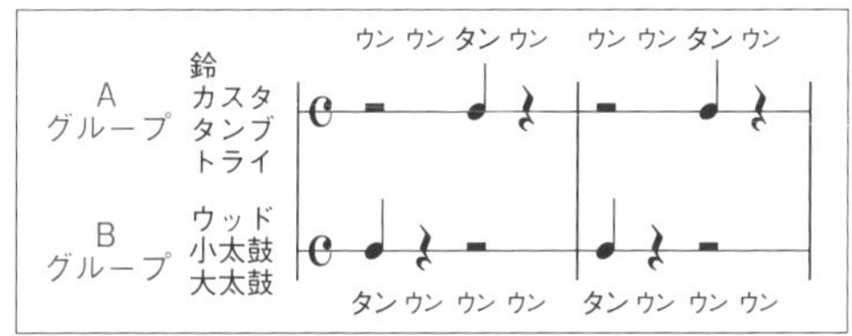

❸ 21～24小節目の練習をしよう

Aグループ：鈴とタンブリン、カスタネットとトライアングル
Bグループ：ウッドブロック、小太鼓、大太鼓
鈴とタンブリンはトレモロ奏法（P.8～9参照）。

♫手のひらを太陽に

明るく元気に ♩=120
カスタネット・トライアングルと
鈴・タンブリンは交互に鳴らします
鈴
カスタネット
タンブリン
トライアングル
ウッドブロック
小太鼓
大太鼓
ピアノ
mf
1. ぼ くら は み ん な
2. ぼ くら は み ん な
3. ぼ くら は み ん な
6
鈴
カスタ
タンブ
トライ
ウッド
小太鼓
大太鼓
ピアノ
ウッドブロックは低音、高音どちらかを叩きましょう
い きて い る
い き て い る か ら
う たう ん だ
ぼ くら は み ん な
い きて い る
い きて い る
い き て い る か ら
わ らう ん だ
ぼ くら は み ん な
い きて い る
い きて い る
い き て い る か ら
お どる ん だ
ぼ くら は み ん な
い きて い る
ド ソ ド ソ

リズムパターンが変わります
鈴・カスタネット・タンブリン・トライアングルと
ウッドブロック・小太鼓・大太鼓のグループが交互に鳴らします
それぞれのグループがそろうように気をつけましょう
鈴
カスタ
タンブ
トライ
ウッド
小太鼓
大太鼓
ピアノ
G7
C
G7/F
C/E
F
C/E
G7
いき ているから
かなしいんだ
てのひらを
たいように
すかしてみれ
いき ているから
うれしいんだ
てのひらを
たいように
すかしてみれ
いき ているから
あいするんだ
てのひらを
たいように
すかしてみれ
ド ♭シ
C
Dm
Em
C♯dim
D
D7
G
ば
まっかに
ながれる
ぼくのちし
お ミミズ
ば
まっかに
ながれる
ぼくのちし
お トンボ
ば
まっかに
ながれる
ぼくのちし
お スズメ
音がとびます
♭シ ♯ド

♫手のひらを太陽に

トレモロ奏法（P.8 参照）
鈴
カスタ
タンブ
トライ
ウッド
小太鼓
大太鼓
ピアノ
C
Dm
G/B
だっ て オ ケ ラ だっ て あ め ん ぼ だっ て
だっ て カ エ ル だっ て み つ ば ち だっ て
だっ て イ ナ ゴ だっ て カ ゲ ロ ウ だっ て
3回目は最後にむけて
もりあげます
全員同じリズムです
1. 2.
3.
G7
みんなみんな いきているんだ ともだちなん だ
だ

あおいそらにえをかこう

作詞♪一樹和美　作曲♪上柴はじめ

演奏時間 約１分45秒

難易度 ★★☆

模範演奏

ピアノ伴奏

楽器編成の目安（30人の場合）

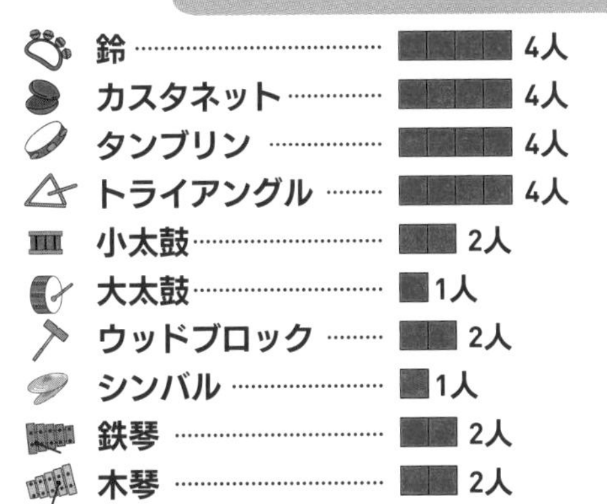

楽器	人数
鈴	4人
カスタネット	4人
タンブリン	4人
トライアングル	4人
小太鼓	2人
大太鼓	1人
ウッドブロック	2人
シンバル	1人
鉄琴	2人
木琴	2人
鍵盤ハーモニカ	4人

ねらい

- たくさんの楽器で奏でるハーモニーを楽しむ。
- くり返しが多いので、強弱に変化をつけた演奏を意識する。

演奏のポイント

軽快なリズムです。中心は小太鼓です。小太鼓の練習が慣れてきたら他の楽器を重ねていきます。

合奏指導の進め方

❶ 5～12小節目　小太鼓

小太鼓の単独演奏です。速くなったり遅くなったりしないように、他の楽器をリードするつもりで演奏します。

❷ 13～18小節目　トライアングル

トレモロ奏法です。トライアングルは内側から２辺を連続で叩きます。むずかしければ通常の２分音符でよいでしょう。(P.9 参照)

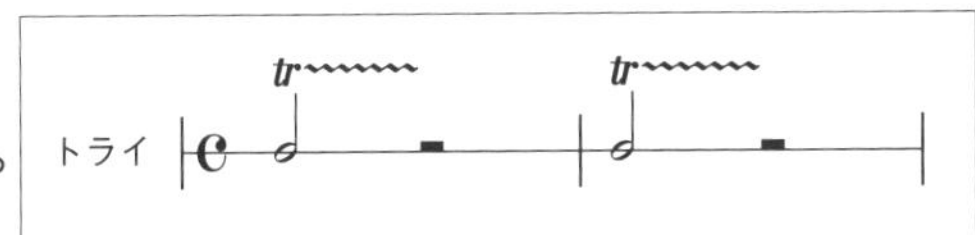

❸ 鉄琴、木琴

８小節目と22小節目は両手で弾いてもよいです。

❹ 鍵盤ハーモニカ

下記のような指練習を最初にするとよいでしょう。

♫ あおいそらにえをかこう

鍵ハ 1 2
鉄琴
木琴
鈴
カスタ
タンブ
トライ
ウッド
シンバル
小太鼓
大太鼓
ピアノ
F G7/F Em7 Am Dm7 G7 C
のふねにのって しゅっぱつだ ボクらのしま へ あし
こうきぐもので かじとって ボクらのしま へ あしく
がーれほしを おいかけて もうすぐあした へ あボク
1拍目は休符です
トレモロ奏法です（P.9参照）
1つの音程のウッドブロックの場合、
そのまま演奏してください
Am タイのリズムに注意
Em7 A7 Dm7 G7 C
（3番はタイなし）
たたはーーあしたた はは あしたた はは ボクらのせかーいだだあし
たたはーーあしたた はは あしたた はは ボクらのせかーいだだあしく
たらのーーボクら はの あボくたら はの ボせかいに とうちゃくだ あボク
左手は1音1音はっきり弾きましょう

あおいそらにえをかこう
鍵ハ 1 2
鉄琴
木琴
鈴 カスタ
タンブ トライ
ウッド
シンバル
小太鼓 大太鼓
ピアノ
F F♯dim C/G A7 Dm7 G7 C
たはーーあしたはーボクらのせかいーーだ 2. し
たはーーあしたはーボクらのせかいーーだ 3. ほ
らのーーボクらのーせかいにとうちゃーく
1. 2.
3.
全員で同じリズムをきめましょう
C Dm7 Em7 FM7 G7 A♭ B♭ C
だ

君をのせて

作詞♪宮崎　駿　作曲♪久石　譲

演奏時間 約3分10秒

難易度 ★★★

模範演奏　ピアノ伴奏

楽器編成の目安（30人の場合）

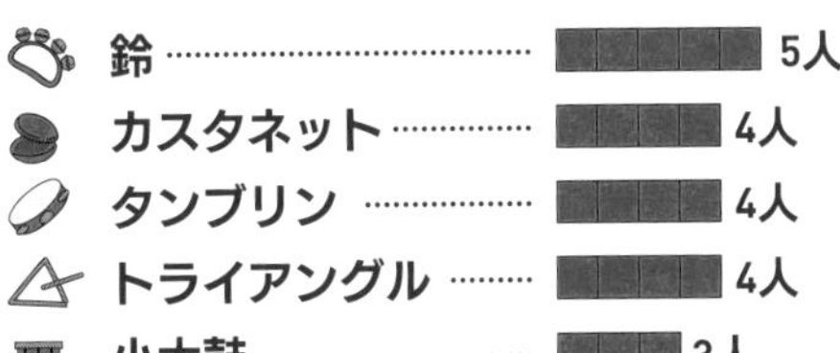

楽器	人数
鈴	5人
カスタネット	4人
タンブリン	4人
トライアングル	4人
小太鼓	3人
大太鼓	2人
ウッドブロック	3人
シンバル	1人
鍵盤ハーモニカ	4人

ねらい

- 曲が進むにつれて楽器が増えていくのを感じる。
- ゆったりと壮大な天空の世界をイメージする。

演奏のポイント

映画「天空の城ラピュタ」の主題歌。楽器数が増えていくので、各楽器の役割を意識しながら演奏しましょう。

合奏指導の進め方

❶ トライアングルのパート

7～22小節目までは、きれいに響かせながら演奏しましょう（21小節目は２分音符）。

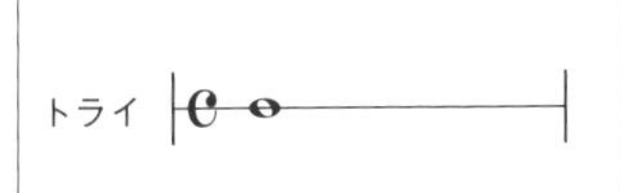

❷ 休符を含むリズム

32小節目から、カスタネット、タンブリン、小太鼓は１拍目に休符が入ります。

❸ ウッドブロックのパート

32小節目から、４分音符のリズムで演奏します。曲がもりあがっているところでの演奏となりますが、テンポが速くならないように気をつけます。

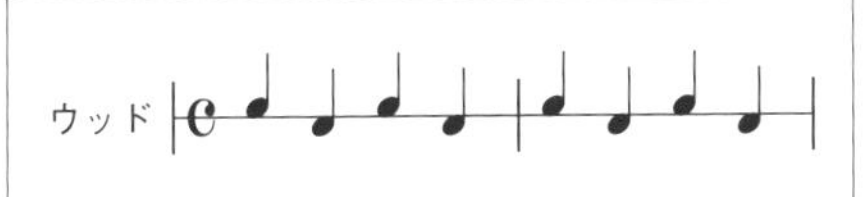

❹ 鍵盤ハーモニカのパート

この曲で出てくる音は、レ、♯レ、ミ、♯ファ、ソ、ラ、シ、の７音です。あらかじめ指番号を決めて練習し、感覚をつかみましょう。

♫君をのせて

感情を込めて ♩=106
鍵盤ハーモニカ 1 2
鈴
カスタネット
タンブリン
トライアングル
ウッドブロック
シンバル
小太鼓
大太鼓
シンコペーションのリズムに注意
C
G/B
Am7
Bm
ピアノ
mf
左手の
音部記号に注意
1 ソ 3 ミ 5 ド
1 ソ 3 レ 5 シ
1 ソ 3 ド 5 ラ
1 #ファ 3 レ 5 シ
5
鍵ハ 1 2
鈴
カスタ
タンブ
トライ
ウッド
シンバル
小太鼓
大太鼓
やさしい音色で響かせて
mp
メロディーを大切に弾きましょう
Em
Em
Bm/D
C
G/B
あの ち へい せ ん か が やく の は どこ
mp
1 シ 3 ソ 5 ミ
シ ソ ミ
ここからへ音記号です

11

鍵ハ 1 2

鈴
カスタ

タンブ
トライ

ウッド

シンバル

小太鼓
大太鼓

ピアノ

mp 大切に鳴らしましょう

Am　Em/G　F♯7　B　Em　Bm/D

かにきみ　を　かくし　て　いる　か　ら　たく　さ　んの　ひ　が　なつ

♯ラ　♯レ

17

鍵ハ 1 2

鈴
カスタ

タンブ
トライ

ウッド

シンバル

小太鼓
大太鼓

ピアノ

２拍３連に注意して

C　G/B　Am　Em/G　Am　B7　Em

新しい
気持ちで

3

タイです

か　しい　の　は　あ　の　どれー　か　ひとつに　きみがいる　か　ら　さあ

mf

♫ 君をのせて

23

鍵ハ 1 2

シ ラ ソ ♯ファ ソ ラ

mf ソ ♯ファ ミ レ ミ ♯ファ

鈴 カスタ

タンブ トライ

ウッド

シンバル

小太鼓 大太鼓

G D/F♯ Em Bm/D C D/C

ピアノ

で かけ よ う ひと き れの パ ン ナイフ ランプか

低音を響かせて

28

鍵ハ 1 2

シ ソ ♯ファ ♯ファ

ソ ミ ミ ♯レ

鍵ハモ全員で

ソ ♯ファ

鈴 カスタ

タンブ トライ

ウッド

シンバル

小太鼓 大太鼓

G/B Em7 Am Bsus4 B Em 壮大に

ピアノ

ば ん に つ め こ ん で ー とう さん が の

ラ ミ ド シ ミ ♯ファ ミ

1 2 3 2 5

シ ♯ファ ♯レ ♯ファ シ

4歳児

君をのせて

33
鍵ハ 1 2
ミ ソ ラ ♯ファ ソ ソ ♯ファ ミ シ
鈴
カスタ
タンブ
トライ
ウッド
シンバル
小太鼓
大太鼓
C D G B/F♯ Em C
タイに注意
こした あ つ いおーも い かあ さん が くれた あ
ピアノ
シ レ シ ♯レ
♯に注意
38
ラ ♯ファ ソ
mf
D Em Em Bm/D C
おちついて
の まなー ざ し ちきゅ う はまわ る きみ を かくし

♫君をのせて

4歳児 君をのせて

53
鍵ハ 1 2
鈴 カスタ
タンブ トライ
ウッド
シンバル
小太鼓 大太鼓
ピアノ
シ
シ
ラ
1.ソ
Em/G
Am
B7
Em
Bsus4
B
新しい
気持ちで
で あ う ー
ぼ く ら を の せ
て
とう
57
2.ソ
♯ファ
ミ
C
D
E
雄大に響かせておわりましょう
て
f

4歳児 線路は続くよどこまでも

訳詞♪佐木　敏　外国曲

演奏時間 約2分20秒

難易度 ★★★

模範演奏

ピアノ伴奏

楽器編成の目安（30人の場合）

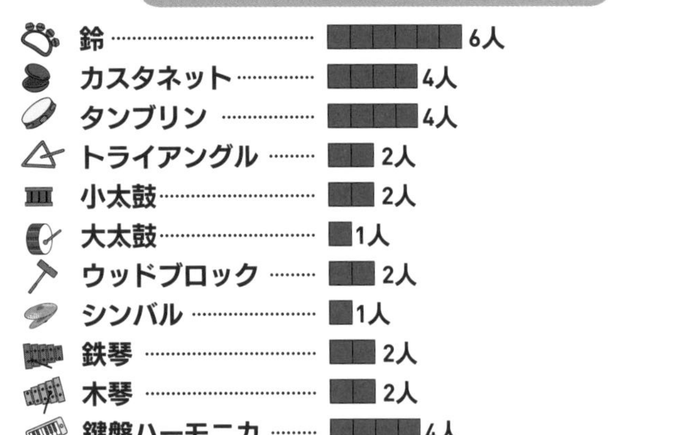

ねらい

- 一定のリズムを保ちながら演奏する。
- 友達が演奏する音をよく聞く。

演奏のポイント

休符が多いので注意。全体を通してほぼ同じリズムパターンですが、楽器の違いによる感じ方を体験しましょう。

合奏指導の進め方

❶ 楽器のリズムを知ろう

4分音符が基本になります。

- カスタネット、小太鼓、タンブリン、大太鼓のリズム

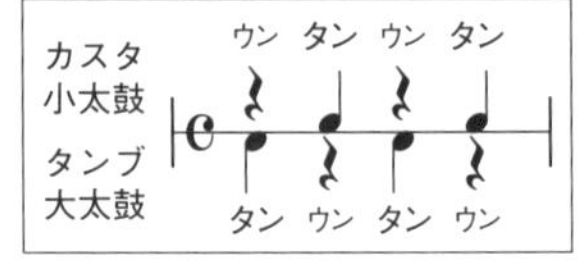

- トライアングルの１～4小節目は

- 鈴の 22 ～ 29 小節目は、トレモロ奏法（P.8 参照）。

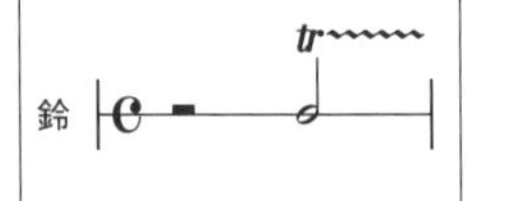

- 22 ～ 29 小節目のトライアングルとシンバルは4小節１パターンのリズムです。

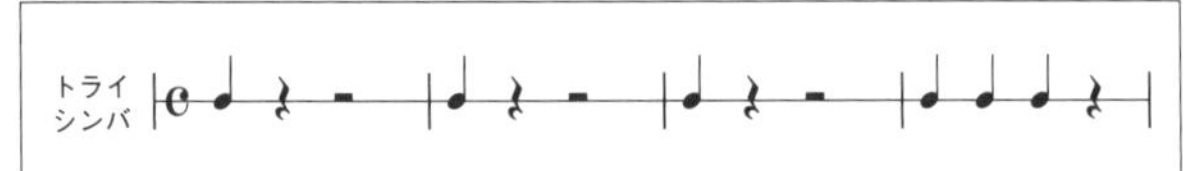

❷ 鉄琴、木琴　22 ～ 29 小節目

交互にあいのてを入れるように弾きます。

❸ 鍵盤ハーモニカは、この音を使います

ファの♯のついた音は、11～13 小節目にでてきます。

4歳児 線路は続くよどこまでも

線路は続くよどこまでも
「ファ」の音は♯がつきます
鍵ハ
鉄琴
木琴
鈴
カスタ
タンブ
トライ
ウッド
シンバ
小太鼓
大太鼓
ピアノ
たにこえ て はるかなまち まで ぼくたち
おいかけ て リズムにあわ せて ぼくたち
むずかしい場合は赤い音符を弾きます
to Φ
のたのしいたびのゆめ つないでる よ
もたのしいたびのうた うたおう

4
歳児
線路は続くよどこまでも

花のワルツ「くるみ割り人形」より

作曲♪P. I. チャイコフスキー

演奏時間 約３分25秒

難易度 ★★★

模範演奏

ピアノ伴奏

楽器編成の目安（30人の場合）

楽器	人数
鈴	3人
カスタネット	3人
タンブリン	4人
トライアングル	3人
小太鼓	2人
大太鼓	1人
ウッドブロック	2人
シンバル	1人
鉄琴	3人
木琴	4人
鍵盤ハーモニカ	4人

ねらい

- ３拍子のワルツのリズムを感じる。
- 強弱の変化をつけて楽しむ。

演奏のポイント

長い冬を乗り越え、ようやく訪れた春の喜びを感じさせる曲です。その喜びの気持ちを表現しましょう。

合奏指導の進め方

❶ ３拍子のリズムを覚えよう

この曲は、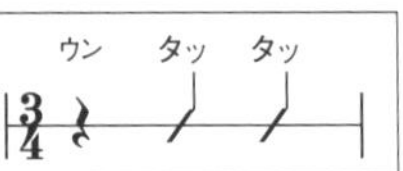の３拍子のリズムを全員で感じましょう。

- 木琴、カスタネット、鈴、タンブリン、小太鼓のパートは、１拍目の休みをしっかりと感じて演奏します。
- ウッドブロックは、１拍目を休まず演奏します。
  1、2、３拍目が「高い音　低い音　低い音」
  となっています。ひざを叩いて練習してみましょう。

- 鍵盤ハーモニカ　長く伸ばす音がメインのフレーズが多くあります。
  ３拍子のリズムにのってゆったりと弾きます。
- 鉄琴　音を伸ばす大きなフレーズが多くあります。

鉄琴の使う音の範囲です。

- 木琴　45 小節目から「ウン / タッタッ」のリズムが多くあります。
  ２拍目より３拍目の音を小さく演奏すると、ワルツの感じを表現できます。

♫花のワルツ「くるみ割り人形」より

花のワルツ「くるみ割り人形」より
19
鍵ハ
鉄琴
木琴
トライ
鈴
カスタ
タンブ
シンバル
ウッド
小太鼓
大太鼓
ピアノ
C
C/G
G/B
B♭
Dm/A
Dm
Dm
♯ド ミ ♯ド ミ レ
♭シ ド レ ♯レ
♯ソ
シ
mf
ここから臨時記号がつきます
注意しておとさないようにしましょう
26
Ddim
G7
♭レ ド シ ラ ♭ラ
C
Fm/C
C
C/G
C
Fm/C
simile

35
鍵ハ
鉄琴
木琴
トライ
鈴
カスタ
タンブ
シンバル
ウッド
小太鼓
大太鼓
ピアノ
C
Em/B
Adim
Em/B
Cdim
Em
Em7/D
臨時記号に注意
3拍子のリズムにのってゆったりと、優雅な感じを表現しましょう
42
ミ
レ
ド
シ
ファ
1拍目の休符をしっかり感じて
1拍目の休符をしっかり感じて
響く音で
音がとびます
C
Em/B
B
Em
C
G7sus4/D
G
F/A
3連符おちついて弾きましょう
simile

♫ 花のワルツ「くるみ割り人形」より
50
鍵ハ
鉄琴
木琴
トライ
鈴
カスタ
タンブ
シンバル
ウッド
小太鼓
大太鼓
ピアノ
ミ レ ド ミ レ ド シ ファ
音が跳びます
G C C G7sus4/D G Fm/A♭
♭ラ ファ ド
58
ファ ファ レ ミ レ ド シ ファ ミ
Aaug B♭ G7/B C G7sus4/D G F/A G
ラ ファ ♯ド ♭シ ファ レ ソ ファ レ シ
simile

花のワルツ「くるみ割り人形」より
2回目は93小節の
2番カッコへ→
鍵ハ
鉄琴
木琴
トライ
鈴
カスタ
タンブ
シンバル
ウッド
小太鼓
大太鼓
ピアノ
C
G7sus4/D
G
C/E
E♭7
G/D
D7
Fm/C
mp
f
simile

♫ 花のワルツ「くるみ割り人形」より

4歳児 花のワルツ「くるみ割り人形」より

そうだったらいいのにな

作詞♪井出隆夫　作曲♪福田和禾子

演奏時間 約１分55秒

難易度 ★☆☆

模範演奏

ピアノ伴奏

楽器編成の目安（30人の場合）

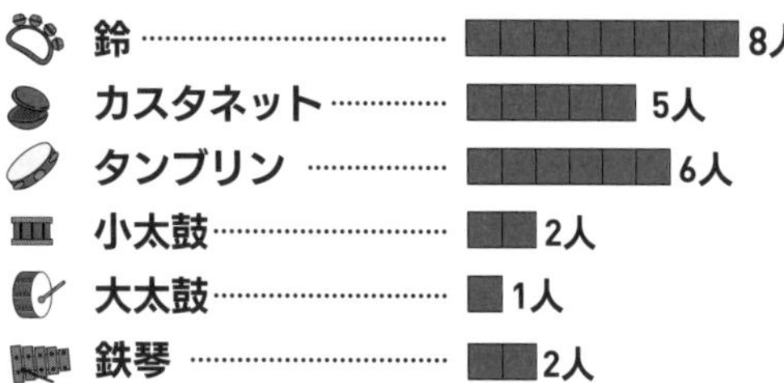

楽器	人数
鈴	8人
カスタネット	5人
タンブリン	6人
小太鼓	2人
大太鼓	1人
鉄琴	2人
木琴	2人
鍵盤ハーモニカ	4人

ねらい

- ハーモニーの変化を感じる。
- フレーズの繰り返しの強弱を楽しむ。

演奏のポイント

４拍子で構成された曲です。一定のリズムで演奏するように心掛けましょう。

合奏指導の進め方

❶ 楽器の重ね方を知ろう

基本のリズムは

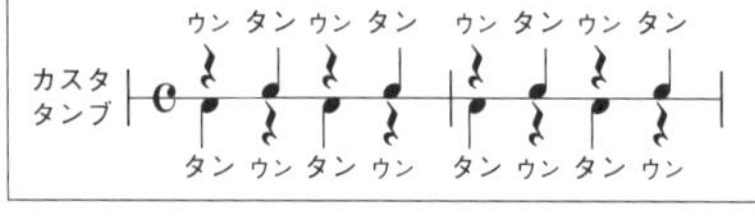

１拍目からはじまる大太鼓とタンブリン、２拍目からはじまるカスタネットと小太鼓で分けて練習します。

鈴は常に１拍目から。

練習譜例

休符に注意しながら、正確に演奏します。

❷ 鉄琴、木琴のパート

♭シと♮シのポジションを覚えましょう。

❸ 鍵盤ハーモニカのパート

指番号をこのようにすると弾きやすいです。

元気よく 楽しそうに ♩=112
鍵盤ハーモニカ 1 2
鉄琴
木琴
鈴
カスタネット
タンブリン
小太鼓
大太鼓
ピアノ
C/G
Dm/F
G
C
Am
Dm
G7
鍵ハ 1 2
カスタ
タンブ
「シ」に♭がつきます
C
C7/B♭
F
G7
そー うだ った ら い いの にな
そー うだっ た ら い いの にな
次の音を準備して
音がとんでいます

♫そうだったらいいのにな

15
1. 2. 3. 4.
5.
鍵ハ 1 2
鉄琴
木琴
鈴
カスタ
タンブ
小太鼓
大太鼓
ピアノ
レ レ レ ミ レ ミ ミ ミ
シ シ シ ド シ ド ド ド
G7 C C C C7/B♭
そ ー うだっ た ら い いの にな はっきりと い いの にな はっきりと そ ー うだ った ら
19
ファ レ レ レ ミ
ド シ シ シ ド
F G7 C
い いの にな そ ー うだっ た ら い いの にな はっきりと

ジグザグおさんぽ

作詞♪高見 映 作曲♪越部信義

演奏時間 約3分35秒

難易度 ★☆☆

模範演奏 

ピアノ伴奏 

楽器編成の目安（30人の場合）

楽器	人数
鈴	6人
カスタネット	6人
タンブリン	5人
トライアングル	6人
小太鼓	2人
大太鼓	1人
鉄琴	2人
木琴	2人

ねらい

- 楽しさを表現するためにどうしたらいいかを考える。
- 音の強弱に注意して、ワクワク感を楽しむ。

演奏のポイント

散歩する時に、何が起こると楽しいか、何を見つけると嬉しいか、など想像しながら演奏してみましょう。

合奏指導の進め方

1 曲の基本となるリズムを知ろう

16分音符を含む細かいリズムです。このリズムが曲全体を支えます。「タン / タータ / タン / ウン」と言いながら足踏みします。

2 タンブリンのパート

休符を含むリズムが多くあるので、きちんと休符を感じましょう。「ウン / タン / ウン / タン」と言いながら足踏みします。

5小節目から

3 鈴、カスタネットのパート

13小節目から 

、大太鼓の1拍目とよくあわせましょう。

4 トライアングルのパート

𝅗𝅥と♩の区別をつけましょう。

5 鉄琴、木琴のパート

5～12小節目までは、休符によってうまれるリズムを大切にします。

♫ジグザグおさんぽ

楽しく歩くように ♩=126
音を短く切りましょう
鉄琴は２回目の
くり返しのみ
演奏します
(2nd time only)
(3rd time only)
木琴は３回目の
くり返しのみ
演奏します
鉄琴
木琴
トライアングル
鈴
カスタネット
タンブリン
小太鼓
大太鼓
ピアノ
あわてないように
1.もりのこみちて
2.あめのこみちて
3.うたをうたっ て
ジグザグおさんぽ
ジグザグジグザグ
おさんぽさーん
トライ
鈴
カスタ
タンブ
simile
スタッカートをいつもつけて

ジグザグおさんぽ
12
鉄琴
木琴
トライ
鈴
カスタ
タンブ
小太鼓
大太鼓
ピアノ
音をやさしく伸ばすイメージで
木琴は９小節お休みです
小太鼓は９小節お休みです
C F C/E Dm C
ぽ
いしけーり しながーら あるこうかなー
みずたまり とびこえて みようーかなー
シャバダバダバダ シャバダバダバダ デュデュデュワデュワー
和音がむずかしい場合は上の音を弾きます
17
F C/E E♭dim D7 G
レ ラ ♯ファ
下のソから弾きます
あのいし ねらってー (セーノ) (カラブリ！)
おっこちない よーうにー (セーノ) (しっぱい！)
シャバダバシャバダバ シャバダバー (パパヤ パヤ パパヤ パヤ) (パヤパヤ)
ド ラ ♯ファ ♭ミ
歯切れよく

22
鉄琴
木琴
トライ
鈴
カスタ
タンブ
はねるリズムが入ってきます
小太鼓
大太鼓
ピアノ
C
A/C♯
Dm
G7sus4/D
G7
もりのこみちち
あめのこみちち
うたをうたって
ジグザグおさんぽ
ジグザグジグザグ
simile
スタッカートをつけて
27
だんだん大きく
C
G7
C
Am
Dm
G7
おさんぽさーんぽさんぽさんぽ

♫ジグザグおさんぽ

1. 2.
3.
鉄琴
木琴
トライ
鈴
カスタ
タンブ
小太鼓
大太鼓
ピアノ
前奏と同じリズムになります
（大太鼓は8小節間1拍目3拍目を叩きます）
C
B♭ G/B
F
ジ グザ グお さん ぽ
シャ ララ ラー
シャ ララ ラー
シャ ララ ラー ラ ラ
ー
シャ ララ ラー ララ
ラ
ぽ
simile
♭シ

天国と地獄

作曲♪J. オッフェンバック

模範演奏

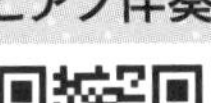
ピアノ伴奏

演奏時間 約１分１５秒

難易度 ★★☆

楽器	人数
鈴	7人
カスタネット	6人
タンブリン	5人
小太鼓	3人
大太鼓	1人
ウッドブロック	2人
鉄琴	2人
鍵盤ハーモニカ	4人

- 強弱の変化の強調を意識する。
- 焦らずに一定のテンポを表現する。

演奏のポイント

２拍子というマーチ（行進曲）のリズムです。全体的に強弱が多いので、変化をしっかりつけましょう。

合奏指導の進め方

❶ タンブリン、ウッドブロック、小太鼓のパート

8 分音符を含むリズムパターンが多くあります。

タンブ ウッド 小太鼓　タン タタ タン タン

小太鼓は 39 小節目から、8 分休符を含むリズムに。大太鼓の音を土台に演奏します。

❷ 鍵盤ハーモニカのパート

使う音は7つです。ファの音は、注意。

26 ～ 27 小節目、57 小節目以降の部分で、音がとぶ箇所があるので確認します。

❸ 鉄琴のパート

鍵盤ハーモニカと、大半同じ動きをし、使う音も同じです。
29 小節目から 1 箇所だけ鉄琴だけになる部分がありますが、その前の 21 ～ 24 小節目の鍵盤ハーモニカのフレーズと同じです。

♫ 天国と地獄

生き生きと、陽気に ♩=138
鍵盤ハーモニカ
鉄琴
小さい音からはじめて大きくしていきます
鈴
全員のリズムをそろえて
カスタネット
タンブリン
8分音符、速い動きを歯切れよく
ウッドブロック
小太鼓
大太鼓
G あわてずに G7/F Em7 G/D C G7 C
ピアノ
simile スタッカートを いつもつけます
左手はいつも歯切れよく弾きましょう
9
鍵ハ
鉄琴
鈴
カスタ
タンブ
ウッド
小太鼓
大太鼓
G C ド ド シ ラ G C G7 C
ピアノ

17
to
小さい音からはじめます
ソ ソ ラ ソ ソ ラ ソ ファ ミ
3 3 2 1
p
鍵ハ
鉄琴
小さい音からはじめます
鈴
p
カスタ
タンブ
p 急に小さくします
ウッド
小太鼓
大太鼓
急に小さくします
G C G C ド ミ G C/G F ラ ド ラ C/E ファ
sub. p
ピアノ
25
レ レ ミ ド ソ ♯ファ ラ ソ
2 1 5 3 5 4
音がとびます
小さい音からはじめます
sub. p
急に小さい音にします
sub. p
p
sub. p
急に小さい音にします
オクターブ上の
音を弾きます
G/D C D/F♯ G C/G F C/E
8va
sub. p
急に小さく

♫ 天国と地獄

だんだん大きい音にします
#に注意
鍵ハ
鉄琴
鈴
カスタ
タンブ
ウッド
小太鼓
大太鼓
ピアノ
cresc.
リズムが変わります。
8分休符をしっかり感じましょう
Gdim
G
Cm/G
G
急に弱く、そして
だんだん大きく
Coda
sub. p
f
4分休符をしっかり感じて
右手がむずかしい場合は上の音を弾きましょう
C
G
G7/B
C7/B♭
F/A
G7/F
G7sus4
G7
D.S.
ここから𝄋に戻り
toΦでΦCodaにとびます

50
ソ 5
ファ 4
ミ 3
ミ 3
レ 2
ド 1
鍵ハ
鉄琴
鈴
カスタ
タンブ
ウッド
小太鼓
大太鼓
F/A G7/F G7sus4 G7 C Cdim C Cdim C Cdim C Cdim C G/B F/A
ピアノ
左手１音ずつ下降します
58
ソ 5
ファ 4
ミ 3
レ 2
ド 1
ミ 3
ソ 5
ミ 3
ド 1
ミ 3
ド 1
ミ 3
ド 1
ピアノと一緒に
音を切ります
G F Em Dm C
はっきりと

みんなともだち

作詞／作曲♪中川ひろたか

演奏時間 約3分15秒

難易度 ★★☆

模範演奏

ピアノ伴奏

楽器編成の目安（30人の場合）

楽器	人数
鈴	6人
カスタネット	5人
タンブリン	4人
トライアングル	4人
小太鼓	2人
大太鼓	1人
鉄琴	2人
木琴	2人
鍵盤ハーモニカ	4人

ねらい

- リズムパターンの違いを感じる。
- 休符の長さを正しく理解する。

演奏のポイント

４拍子でテンポの変化もありませんが、休符が多いので、休符が短くならないように注意して演奏しましょう。

合奏指導の進め方

❶ 基本のリズムの変化を覚えよう

- １～４小節目（前奏）

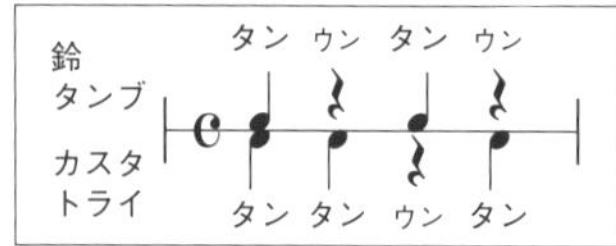

- 5～14小節目、31～47小節目

鈴とカスタネットが交互に鳴らします。2小節1パターンのリズムです。

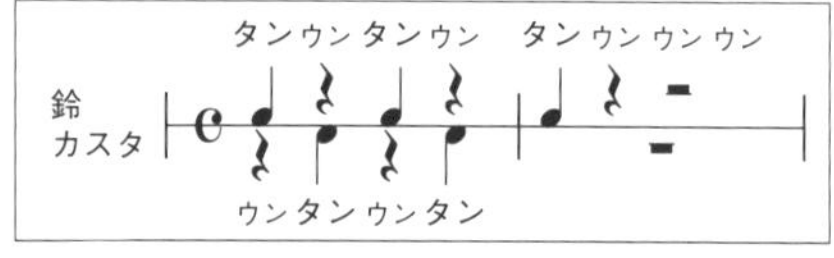

- 15～30小節目

タンブリンとトライアングルが同じリズムを1小節ずつ交代で鳴らします。

- 31～48小節目

小太鼓と大太鼓も加わります。

❷ 鉄琴、木琴、鍵盤ハーモニカの３つのリズムパターンを知ろう

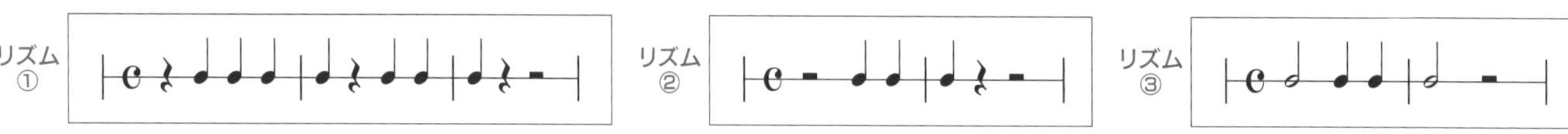

３つの楽器で和音を作ります。
どの楽器もシャープのついた音を弾くので、ここを練習しましょう。

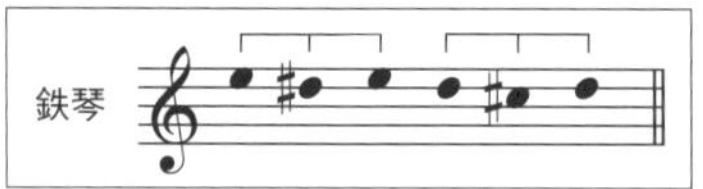

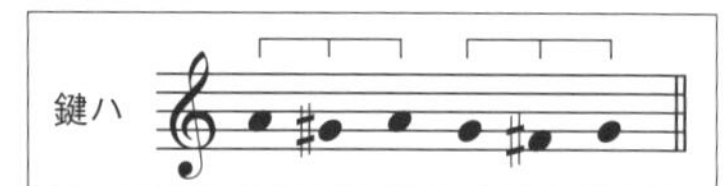

♫みんなともだち

リズムをそろえて、
ハーモニーを重ねましょう
♯がつきます
明るくはずんで ♩=128
鍵盤ハーモニカ
鉄琴
木琴
鍵盤ハーモニカとの和音をよく聞きましょう
鈴
カスタネット
タンブリン
トライアングル
小太鼓
大太鼓
ピアノ
1.みんな
ともだち
ともだち
リズムがむずかしい場合は赤い音符を弾きます
鍵ハ
♯がつきます
鈴
カスタ
タンブ
トライ
ずっとずっと
ともだち
がっこう
いっても
ずっとともだ
ずっとずっと
ともだち
おとなに
なっても
ずっとともだ

みんなともだち
鍵ハ
鉄琴
木琴
鈴
カスタ
タンブ
トライ
小太鼓
大太鼓
ピアノ
1.
2.
ミ ファ ソ
ド5
リズムが変わります。
タンブリンとトライアングルが
同じリズムを交互に鳴らします
ターン タタン
ターン タタン
C
C7
C
G7
C おちついて
ち
ち
2.みんな
ち
1. みんな いっしょに ー
2. みんな いっしょに ー
歯切れよく
ファ ソ ラ ソ
F
G
うたをうたっ た みんな いっしょに ー えをかい
プールであそん だ みんな いっしょに ー ロボットをつくっ

22
ラ ソ ファ ミ
鍵ハ
鉄琴
木琴
トレモロ奏法（P.8 参照）
軽やかに響かせて
鈴
カスタ
タンブ
トライ
小太鼓
大太鼓
C
ピアノ
た みん ないっ しょに ー おさんぽを し た
た みん ないっ しょに ー かけっこを し た
27
新しい気持ちで
元気よく
ミ ファ ソ ラ ラ ♯ソ
♯がつきます
F G C7 F
み んな いっしょ に おおきくなっ た みんな ともだち

みんなともだち
32
#がつきます
ラ ソ #ファ ソ ファ ミ ファ
鍵ハ
鉄琴
木琴
鈴
カスタ
タンブ
トライ
小太鼓
大太鼓
C Dm G7
ピアノ
ずっ とずっ と ともだち がっ こう いっても ずっ ともだ
37
#がつきます #がつきます
ミ ファ ソ ラ ラ #ソ ラ ソ #ファ
鍵ハ
鉄琴
木琴
鈴
カスタ
タンブ
トライ
小太鼓
大太鼓
C F
ピアノ
ち みんな ともだち ずっ とずっ と ともだち

♫みんなともだち

ピアノとリズム
をそろえて
to Φ 1, 2
鍵ハ
鉄琴
木琴
鈴
カスタ
タンブ
トライ
小太鼓
大太鼓
ピアノ
Dm
G7
C
おとな に
なっても
ずっ ともだ
ち
※1に戻る時に
遅れないように
ここから※1に戻り D.S. 1
to Φ 1で ΦCoda 1
へとびます
Φ Coda 1
Φ Coda 2
息をそろえて
トレモロは2拍で音をとめます
Dm7
C7
み ん な
むずかしい場合は
4分音符で
ここから※2に戻り D.S. 2
to Φ 2で ΦCoda 2へとびます

美しき青きドナウ

作曲♪J. シュトラウスⅡ

演奏時間 約1分45秒

難易度 ★★☆

ピアノ伴奏

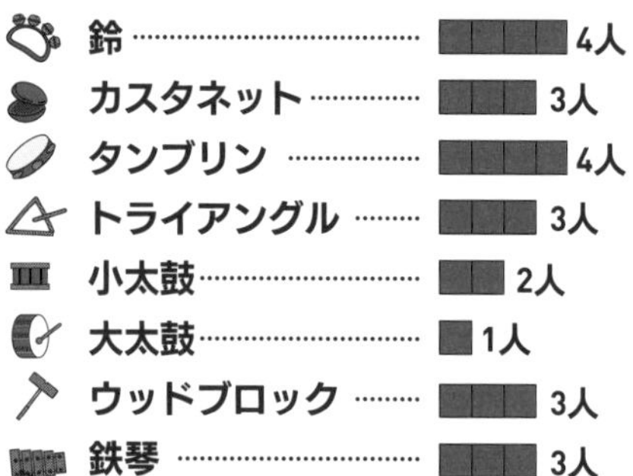

ねらい

- 3 拍子のワルツのリズムを感じる。
- 川の流れる様子をイメージしながら演奏する。

3 拍子のワルツのリズムで構成されている曲です。2 拍目よりも 3 拍目の方を少しだけ軽く（小さく）演奏すると、ワルツの軽やかさが表現できます。

合奏指導の進め方

❶ 2 ～ 29 小節目のリズムパターン

鈴、カスタネット、タンブリンは、1 拍目の休符がある、なしに注意します。

❷ 18 ～ 32 小節目のリズムパターン

大太鼓と小太鼓が加わります。軽やかな曲なので、大太鼓は、1 拍目はあまり大きくならないように。小太鼓も重くならないよう注意を。

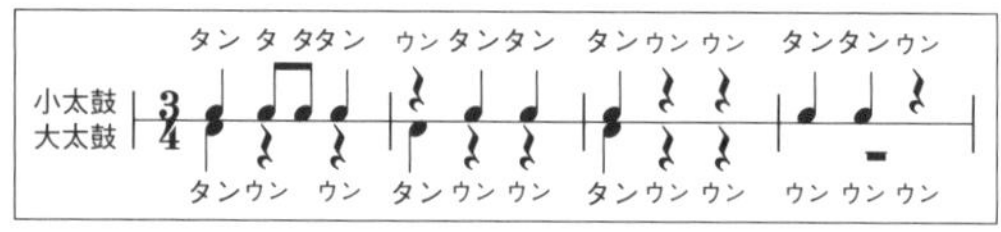

❸ 34 ～ 49 小節目のリズムパターン

4 小節ごとに楽器が入れ替わります。次に演奏するパートにリズムを受け渡していくつもりで演奏しましょう。

❹ 鍵盤ハーモニカ、鉄琴、木琴

- 鍵盤ハーモニカ

伸ばす音が多いですが、伸ばしている間も 3 拍子を感じましょう。

- 鉄琴と木琴

2～ 25 小節目までは、ピアノの音を追いかけているイメージで。26 小節目以降は、1 拍目が休みの「ウンタンタン」のリズムです。休符を感じて軽やかに表現します。

軽やかに踊るように ♩=160
鍵盤ハーモニカ
鉄琴
木琴
mp
mp
ピアノを追いかける
イメージで
トライアングル
鈴
カスタネット
タンブリン
ウッドブロック
小太鼓
大太鼓
2拍目の休符を大切に
3拍分の
休みを感じて
1拍目の入るタイミングをはっきりと示してください
N.C.
C
G7/D
ソ
ミ
ファ
ピアノ
伸ばすのがむずかしい場合は「ソ」の音を大切に弾くイメージで
それぞれの音を
伸ばして
2拍目、3拍目を軽やかに
鍵ハ
トライ
鈴
カスタ
タンブ
ウッド
ラ
C

♫美しき青きドナウ
奏者が２人以上いる場合、上の音と下の音で
わけて演奏してもよいでしょう
15
鍵ハ
鉄琴
木琴
トライ
鈴
カスタ
タンブ
ウッド
小太鼓
大太鼓
ピアノ
ミ
ド
ソ
ラ
mf
C/E
C7/E
４小節を
１パターンとして
22
ファ
レ
シ
f
F
Dm
G7/D
C

29
鍵ハ
鉄琴
木琴
トライ
鈴
カスタ
タンブ
ウッド
小太鼓
大太鼓
ピアノ
ソミ
ラド
ファレ
ミド
レ
mp
f
ト長調に転調します
Dm/F
G7
C
D
ド
シ
Fine
くり返しのあと
ここで終わります
レ
ラ
♯ファ
35
♯ド
黒鍵に注意
ミ
mf
受けわたすように
ラ
♯ソ
G

♫美しき青きドナウ

5歳児

美しき青きドナウ

5
歳児

銀河鉄道999

作詞♪奈良橋陽子　山川啓介　作曲♪タケカワユキヒデ

演奏時間 約2分55秒

難易度 ★★☆

模範演奏

ピアノ伴奏

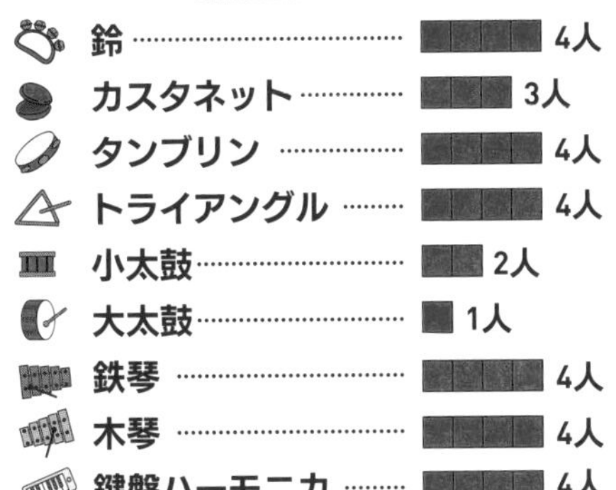

楽器編成の目安（30人の場合）

楽器	人数
鈴	4人
カスタネット	3人
タンブリン	4人
トライアングル	4人
小太鼓	2人
大太鼓	1人
鉄琴	4人
木琴	4人
鍵盤ハーモニカ	4人

ねらい

- 機関車が宇宙を旅する楽しさを感じる。
- リズムパターンの変化を楽しむ。

演奏のポイント

８分音符や８分休符を含んだリズムパターンが多くあるので、曲全体を、「タン / タ タ / タン / タン」ではなく、「タタ / タタ / タタ / タタ」と感じて演奏しましょう。

合奏指導の進め方

❶ イントロ、間奏、エンディング部分

イントロ部分は、この曲の重要な部分です。

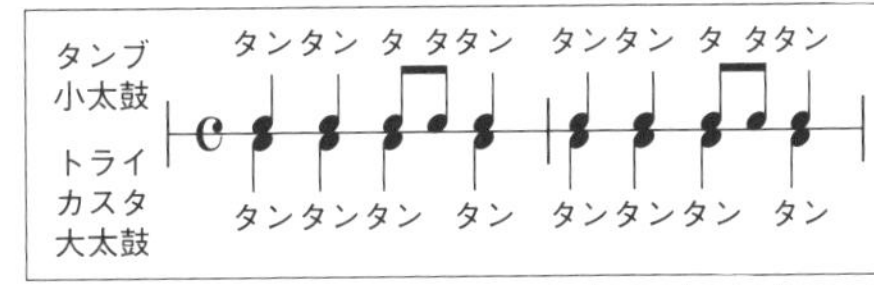

タンブリンと小太鼓は、８分音符のリズムを含んでいるので重くならないように。

❷ 5 ～ 20 小節目のリズムパターン

タンブリンと小太鼓（13 小節目～）が重要な要素となっています。

８分休符をしっかり感じます。

❸ 21 ～ 26 小節目のリズムパターン

リズムパターンが変化します。

鈴は３拍間休んで４拍目で鳴らします。カスタネットと小太鼓は、８分休符を意識してテンポが前に走ってしまわないように。

❹ 30 小節目からのサビのリズム

サビになるとまたリズムパターンが変化します。

カスタネット、タンブリン、小太鼓は、１拍目を休むことになります。

❺ 鍵盤ハーモニカ

５つの使う音は、指を決めておきます。

5 歳児　銀河鉄道999

銀河鉄道 999
元気よくスピード感を持って ♩=138
鍵盤ハーモニカ
鉄琴
木琴
トライアングル
鈴
カスタネット
タンブリン
小太鼓
大太鼓
ピアノ
音をはっきり
出しましょう
黒鍵に注意
2小節で1パターン
のリズムです
粒をそろえて
A G/A D/A Em/A A G/A D/A Em/A D
1.さ あ ゆ く ん だ ー そ
き み は ー
鍵ハ
トライ
鈴
カスタ
タンブ
2回目
3回目
シンコペーションをタイでつないだリズムです
F♯ Bm Bm7/A G D/F♯
の か お ー を あ ー げ て ー ー あ た ら し ー い か ぜ ー に
き づ い ー て し ま っ た ー ー や す ら ぎ ー ー よ り ー も

11
鍵ハ
鉄琴
木琴
トライ
鈴
カスタ
タンブ
小太鼓
大太鼓
ピアノ
ラ ソ #ファ ミ #ファ レ
音をなめらかにつなげる気持ちで
4拍目を
鳴らします
4回目
8分休符を
感じて
Em7 A D F# Bm
こころをーあらおーう ふるい ゆめはー おいて ゆーくがー いいー
すばらしーいものーを ちへい せんにー きえる ひーとみー にはー
16
レ ミ #ファ レ #ソ #ファ ミ レ レ ミ レ
2拍音を伸ばすイメージで
へ長調に
転調します
Bm/A G D/F# Em7 Asus4 A D C
ー ふたたびーはじまーるー ドラマのー ためーに ああ
ー いつしかーまぶしーいー おとこのー ひかーり ああ
ソミド

♫銀河鉄道 999

5歳児
銀河鉄道999

30
鍵ハ
鉄琴
木琴
トライ
鈴
カスタ
タンブ
小太鼓
大太鼓
ピアノ
リズムが変わります
休符を
しっかりと
テンポを保って正確に
♮のドです
D
G
F♯m
B
ギャ ラ クシー エクス ー プレス スリ ー ナイン ウィル テイク ユー オン ア ジャ ー ニ ー ネ バー エン ディング
33
1.
短く切って
Em7
Em7/A
D
A
G/A
ジャ ー ニー アジャーニ ー トゥ ザ スター ーズ
力強く鳴らして
むずかしい場合は４分音符で

♫銀河鉄道 999

鍵ハ
鉄琴
木琴
トライ
鈴
カスタ
タンブ
小太鼓
大太鼓
ピアノ
#ファ ミ ラ ソ #ファ ミ
レ ラ
きれいに響かせて
D/A Em/A A G/A D/A Em/A D G D/F#
2.そうさ ーズ
ソ #ファ レ レ ラ ソ #ファ
Em D Em7 Fdim D/F# G D/F# Em7

48
ミ レ ミ レ ミ ♯ファ ソ
鍵ハ
鉄琴
木琴
トライ
鈴
カスタ
タンブ
小太鼓
大太鼓
8va (Repeat time only) くり返しの時は１オクターブ上を弾きます
Em7/A Em7/A D G
ピアノ
ザ ギャ ラ クシー エクス ー プレス スリ ー ナイン ウィル テイク ユー オン ア
(ーズ)
52
ラ ソ ♯ファ ミ
1.
レ レ
(8va)
F♯m B Em7 Em7/A
ジャ ー ニ ー ネ バー エンディング ジャ ー ニー ア ジャー ニ ー トゥ ザ スター

55
2.
レ レ
鍵ハ
鉄琴
木琴
空いっぱいに響かせるイメージで
トライ
鈴
カスタ
タンブ
小太鼓
大太鼓
A D/A Em7/A D
ピアノ
ア ジャーニ ー ー トゥ ザ スター ー ーズ

60
ラ ソ ♯ファ ミ ラ ソ ♯ファ ミ レ
鍵ハ
鉄琴
木琴
トライ
鈴
カスタ
タンブ
小太鼓
大太鼓
A G/A D/A Em/A A G/A D/A Em/A D
ピアノ

風になりたい

作詞／作曲♪宮沢和史

演奏時間 約４分

難易度 ★★☆

模範演奏　ピアノ伴奏

楽器編成の目安（30人の場合）

楽器	人数
鈴	4人
カスタネット	5人
タンブリン	3人
トライアングル	3人
小太鼓	3人
大太鼓	1人
ウッドブロック	3人
鉄琴	2人
木琴	2人
鍵盤ハーモニカ	4人

ねらい

- リズムの違いを感じる。
- 楽器数が多いので、友達の音にも耳を傾ける。

演奏のポイント

休符が多いので、どこで休みどこで入るかを保育者はわかりやすく指示を出しましょう。

合奏指導の進め方

❶ ピアノにあわせて手拍子しよう

まず楽器を弾く前に手を叩いてリズムを覚えよう。原曲は４拍子のサンバ風のリズムです。
最初はピアノにあわせてリズムに慣れましょう。

Ⓐ全員で

手拍子1　タン タン タン タン

手拍子2　タ タ タ タ タ タ タ タ

Ⓑ2つのグループに分かれて

手拍子3　タン ウン タン ウン ／ ウン タン ウン タン

❷ 鍵盤ハーモニカ、鉄琴、木琴のパート

鍵盤ハーモニカ、鉄琴、木琴は、♭のある音に注意しましょう。

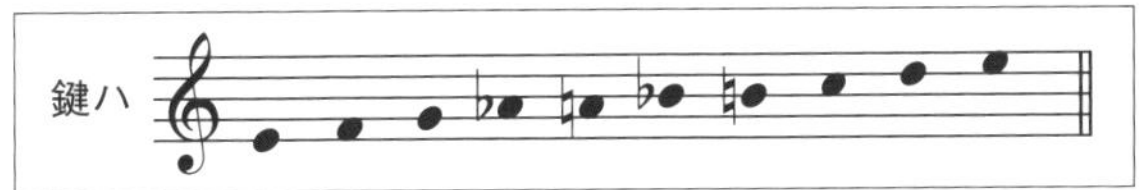

基本的に２分音符と４分音符のリズムですが、木琴は29～34小節目まで８分音符のリズムが加わります。

♫風になりたい

華やかに ♩=76
鍵盤ハーモニカ 1 2
鉄琴
木琴
鈴
カスタネット
タンブリン
トライアングル
ウッドブロック
小太鼓
大太鼓
ピアノ
鉄琴と木琴、息をそろえて
歯切れよく
裏拍を大切に
ウッドブロックは低音、高音どちらかを叩きましょう
お おきなほーをたてて ー あ
な たのてーをひい て あ れ くるうなみに も まれ います ぐ
音が とびますかぜ
鍵ハ 1 2
カスタ
タンブ
トライ
ウッド

♫風になりたい
鍵ハ 1 2
鉄琴
木琴
鈴
カスタ
タンブ
トライ
ウッド
小太鼓
大太鼓
ピアノ
ドシドソシソ
ソソソ
ソシソ
ミソミ
mf
ここから鈴が１拍目に入ります
ここからタンブリンが３拍目に入ります
トライアングルはお休みになります
C/G G C G7/B C Em
にな りたい てんごくじゃーなくて もら
ラドラ
ファラファ
ソ
Gm6 F Dm Dm−5 Em Am
くえんじゃーなくて もあ なたにあーえたし あわせかんじ

風になりたい
鍵ハ 1 2
鉄琴
木琴
鈴 カスタ
タンブ トライ
ウッド
小太鼓 大太鼓
ピアノ
鈴とタンブリンが交互にトレモロになります
やさしい音で
やさしい音で
FM7 C/G G C Am G
て かぜ に なり た い
なに ひー と つ い い こ とー
なに ひー と つ い い こ とー
Cm F B♭ Dm Am/C Am FM7 Dm/F
なかっー たこの まちにー しずみー ゆくた い ようー おいこ し てみー ー たい
なかっー たこの まちにー なみだー ふらす く もをー つきぬ け てみー ー たい

♭がつきます
28
鍵ハ 1 2
鉄琴
木琴
鈴 カスタ
タンブ トライ
ウッド
小太鼓 大太鼓
ピアノ
mf 細かいリズムがふえます。歯切れよく
G
C
Em
Gm6/B♭
ー う まれてきーたこと をしら あわせにーかんじ
ー てんごくじゃーなくて もら くえんじゃーなくて
ー (𝄋)んごくじゃーなくて もら くえんじゃーなくて
32
to Φ
F
F/E
Dm
Fm
Em
Am
FM7
る か っこわるーくたっ ていいをあなたじ と かぜ
も あ なたのてーのぬく もりわかかんじ て かぜ
も あ なたにあーえたし あわせかかんじ て かぜ

♫風になりたい

5歳児
風になりたい

Coda
2.
2分音符です。音を優しく伸ばすイメージで
鍵ハ 1 2
鉄琴
木琴
鈴
カスタ
タンブ
トライ
ウッド
小太鼓
大太鼓
ピアノ
C/G G C G
に なり た い て
ここから𝄋に戻り
to𝄌で𝄌Codaへとびます
D.S.
C/G G C
に なり た い かぜ
やさしく、音をだんだん弱くしておわります
mp
p
Am G C6
に なり た い

きみのこえ

作詞♪相田　毅　作曲♪上野義雄

演奏時間 約2分10秒

難易度 ★★★

模範演奏

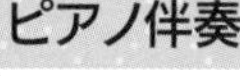

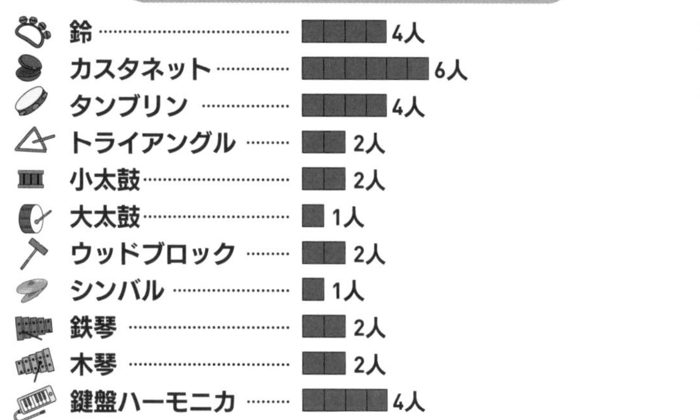

ねらい

- うきうきとした楽しい気持ちで演奏する。
- 音をよく聞き、休符のタイミングを知る。

演奏のポイント

弾むような付点のリズムが特徴的です。リズムが走ってしまわないようにおちついて演奏しましょう。

合奏指導の進め方

❶ 休符を練習しよう

1 拍目の休符がむずかしい子どもには、このリズムから練習します。

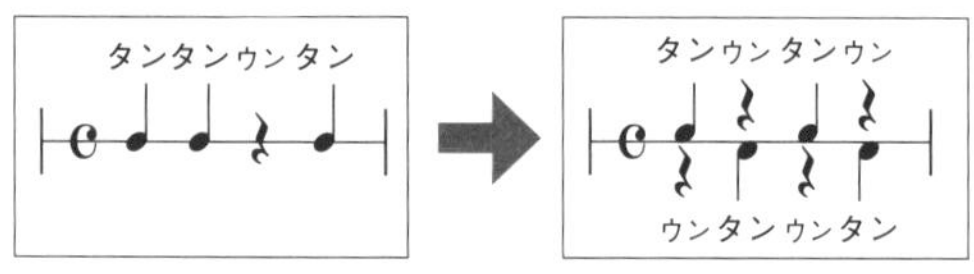

❷ リズムの追いかけっこを知ろう

前のリズムパターンがおわらないうちに、次のリズムパターンが追いかけます。

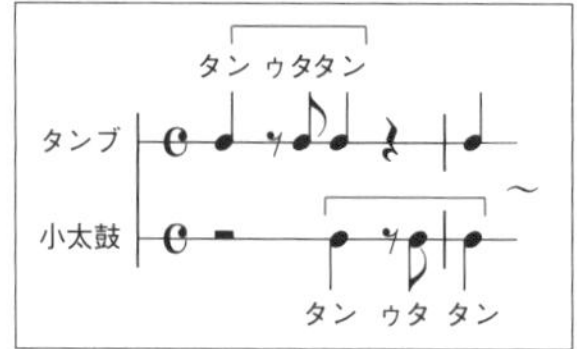

❸ 鍵盤ハーモニカ、鉄琴、木琴のパート

3つの楽器で一緒に弾く３連符は

あわせにくいので、

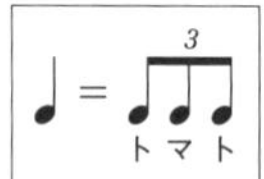

などことばをつけて練習するとよいでしょう。

♫きみのこえ
明るく元気にはねるリズムで ♩=120
鍵盤ハーモニカ 1 2
鉄琴
木琴
鈴
カスタネット
タンブリン
トライアングル
ウッドブロック
シンバル
小太鼓
大太鼓
ピアノ
mp
mf
ウッドブロックは高い音か低い音のどちらかを鳴らしましょう
G G7 G C G/B Am7 C/G F C/E
3連符のリズム
6
ラ シ ド シ
ファ ソ ラ ソ
ソ ミ ラ ファ ド シ ミ レ
鍵ハ 1 2
リズムが変わります
カスタ
タンブ
トライ
ウッド
Dm7 G C G/B Am C/G F G7 C
ぼくは きみの こえがすき はなす わらうこ え がすき

5歳児 きみのこえ

きみのこえ
鍵ハ 1 2
鉄琴
木琴
鈴
カスタ
タンブ
トライ
ウッド
シンバル
小太鼓
大太鼓
ピアノ
4拍目遅れないように
同じリズムで
追いかけます
F G Em7 Am B♭ G Fm/A♭
いろんなこえが あるなかで きみのこえがいち ばん すき
ふしぎだね
ふしぎだね
Am7 F G7 C F G
きみのこえ まほう みたいに ひびくんだ すてきだね
きみのこえ げんき でてくる じゅもんみたいに よろしくね

20
鍵ハ 1 2
鉄琴
木琴
7小節目と同じリズムに戻ります
鈴 カスタ
タンブ トライ
ウッド
シンバル
小太鼓 大太鼓
ピアノ
Em Am Dm G C G/B
きみのこえ ぼくときみのこえ あわそう たかいこえで
きみのこえ ぼくときみのこえ あわそう たかいこえで
24
Am7 C/G F C/E Dm7/F G7 C G/B
ラララララ ひくいこえで ラララララ きみのこえで
ルルルルル ひくいこえで ルルルルル きみのこえで

♫きみのこえ

鍵ハ 1 2
鉄琴
木琴
鈴
カスタ
タンブ
トライ
ウッド
シンバル
小太鼓
大太鼓
ピアノ
ララララララ
そらにとどくよ
ルルルルル
うみにひろがる
ハー モ ニー
かわいらしい音で
ぼくからハー モ ニー

鍵ハ 1 2
鉄琴
木琴
鈴
カスタ
タンブ
トライ
ウッド
シンバル
小太鼓
大太鼓
ピアノ
Dm G7 C F G E7/G♯ Am Dm
きみからハーモニー
きみとぼくのハーモニー
ずーっと
弱い音から最後に
むかってもりあげて
G7 F C/E Dm7 G C
ハーモニー
ピアノが２拍の
裏拍に入ります

はじめの一歩

作詞♪新沢としひこ　作曲♪中川ひろたか

演奏時間 約４分５秒

難易度 ★★★

模範演奏

ピアノ伴奏

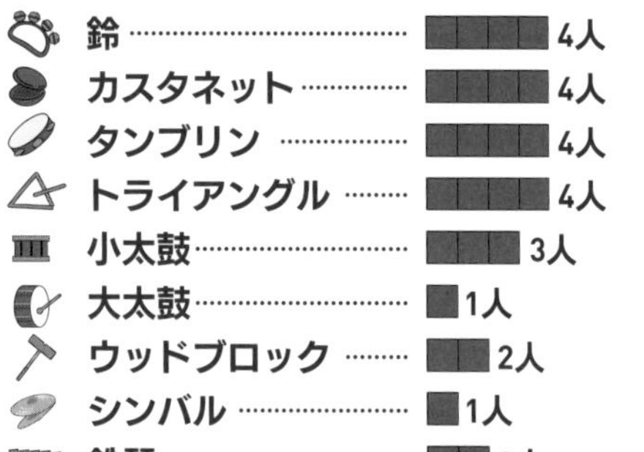

ねらい

- 卒園する人を応援していく気持ちで演奏する。
- 曲が進むにつれ、楽器が増えていくのを楽しむ。

演奏のポイント

サビはみんなで演奏します。サビを重点的に練習しテンポ感や音量感を決める目安にしましょう。

合奏指導の進め方

❶ 8分休符を含むリズムパターンを知ろう

カスタネット、タンブリン、小太鼓には、８分休符を含むパターンが出てきます。手拍子や足踏みをしながら口でリズムをとり、慣れていくとよいでしょう。

練習譜例

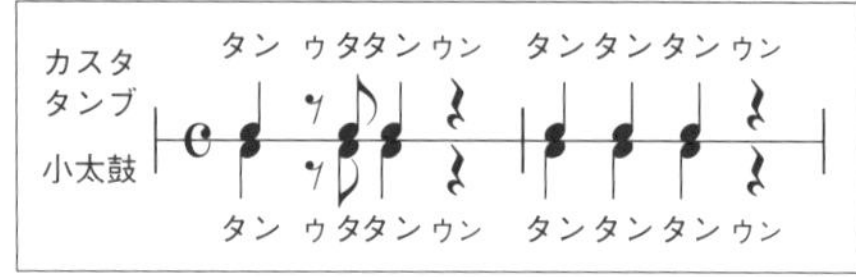

２拍目の頭の８分休符を意識しましょう。
４拍の基準となるウッドブロックと一緒に練習します。

❷ トライアングルのパート

長い音符が多いので、響くところを探して演奏するようにしましょう。

❸ 鍵盤ハーモニカのパート

出てくるフレーズ

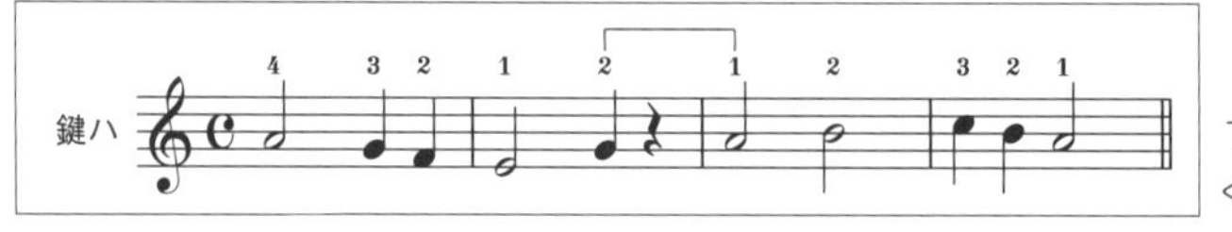

１の指が２の指をくぐります。

❹ 鉄琴、木琴のパート

- 鉄琴のフレーズ

- 木琴のフレーズ

音がとぶところがありますので、注意します。

♫はじめの一歩

表情ゆたかに ♩=92
鍵盤ハーモニカ
鉄琴
木琴
トライアングル
鈴
カスタネット
タンブリン
シンバル
ウッドブロック
小太鼓
大太鼓
ピアノ
F G C/E Am Dm G7 G
左手の音部記号に注意
ドラファ
ミドラ
ファシソ
ソ
ここからへ音記号
鍵ハ
トライ
カスタ
タンブ
ウッド
mpトライアングルのソロです。たっぷり響かせましょう
C G7/D C C7 F G Em A7 Dm G
1.ち い さなとり が う た っている よ ほ く らーにー
2.し ん じること を わ す れちゃいけ ない か な らーずー
mp
simile
左手も丁寧に

♫はじめの一歩

10
鍵ハ
鉄琴
木琴
トライ
鈴
カスタ
タンブ
シンバル
ウッド
小太鼓
大太鼓
ピアノ
mf
8分休符を意識して
Am G F F/E D7 G Gaug C G7/D C C7
あ さ が おとずれた よーとー きの うとちが う
あ さ は おとずれる かーらー ぼ く らのゆめ を
♯レシソ シ
15
F G Em A7 Dm E7 Am G F F/E Dm7 G
あ さ ひがのほ る か わ のーなー が れ も かがやいてー い
な く しちゃいけ ない き っ とーいー つ か は かなーうはず だ
simile

20
鍵ハ
鉄琴
木琴
トライ
鈴
カスタ
タンブ
シンバル
ウッド
小太鼓
大太鼓
ピアノ
ラ ソ ファ ミ ソ ラ ソ ファ ミ ソ
音がとぶので注意
テンポを一定に保って
Csus4 C F G C/E C F G C/E C7
る はじめ の いっ ぽ あした に いっ ぽ きょうか
よ はじめ の いっ ぽ あした に いっ ぽ きょうか
小指をのばすのがむずかしい場合は少し強めに弾くとよいでしょう
25
ラ シ ド シ ラ ラ ソ ファ ファ ミ
♯に注意
F G Am G F F/E D7 G7 Csus4 C
♯ファ
ラ
♯に注意
ら なーにも かもが あたらーし いい はじめ
ら なーにも かもが あたらーし いい はじめ

♫はじめの一歩

𝄋 明るく全員でもりあげましょう
29
ラ ソ ファ ミ ソ ラ ソ ファ ミ ソ
鍵ハ
鉄琴
木琴
音がとびます
トライ 鈴
カスタ タンブ
シンバル
ウッド
小太鼓 大太鼓
F G C/E C F G C/E C7
ピアノ
の い っ ぽ あ し た に い っ ぽ ゆ う き
(𝄋)の い っ ぽ あ し た に い っ ぽ う ま れ
33
ラ シ ド シ ラ
to Φ
1.
ラ ソ ファ ファ ミ
♯に注意
音がとびます
F E/G♯ Am G F F/E Dm7 G Csus4 C
を も っ て お お き く い っ ぽ あ る き だ せ
か わ っ て お お き く
♯ソ
♯に注意して
ト音記号

37
鍵ハ
鉄琴
木琴
トライ
鈴
カスタ
タンブ
シンバル
ウッド
小太鼓
大太鼓
ピアノ
F G/F C/E Am7 Dm7 Dm/G Csus4 C
ヘ音記号
41
2.
Dm7 G Csus4 C7 F G C/E Am/E Dm7 G
いっぽあるきだせ
ト音記号
ドラファ

♫はじめの一歩

46
鍵ハ
鉄琴
木琴
トライ
鈴
カスタ
タンブ
シンバル
ウッド
小太鼓
大太鼓
C/E C F E/G♯ Am G F F/E D G Csus4 C
ピアノ
はじめ
ヘ音記号
ここから 𝄋 に戻り
to 𝄌 で 𝄌 Coda へとびます
D.S.
𝄌 Coda
51
rit.
ピアノとあわせて
Dm7 G Csus4 C F G Csus4 C
いっぽあるきだせ
ト音記号
ドラファ

ひまわりの約束

作詞／作曲♪秦　基博

演奏時間 約4分35秒

難易度 ★★★

模範演奏

ピアノ伴奏

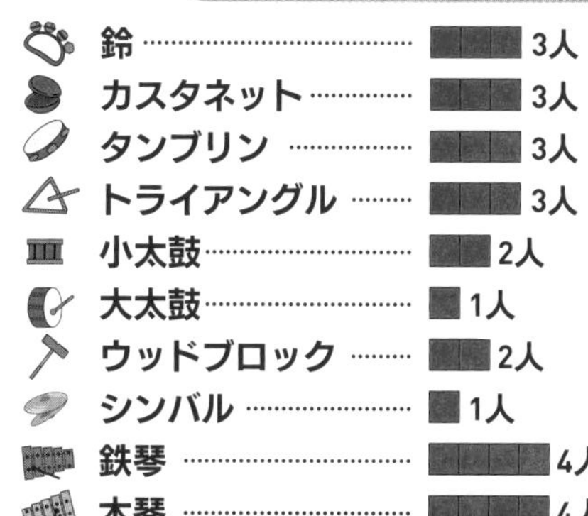

- 曲が進むにつれ変わっていくリズムパターンを楽しむ。
- ゆったりと流れる曲のテンポを味わう。

演奏のポイント

夢や希望を感じながら演奏します。もりあがる部分と静かな部分を、音の強弱で意識していきます。

合奏指導の進め方

❶ 1～18小節目までのリズムパターン

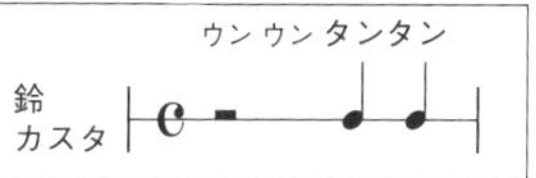

鈴とカスタネットは、2拍休んで3拍目と4拍目に叩くリズムパターンとなっています。十分に休符を感じてあわてないように演奏しましょう。

❷ 19小節目（サビ）以降のリズムパターン

ここからは、2拍目と4拍目を強調するリズムパターンになっています。

1拍目と3拍目の休符を感じて、あわてずにしっかりとした音で演奏しましょう。

小太鼓とウッドブロックも2拍目と4拍目を強調するリズムパターンです。

2拍目に8分音符のリズムが含まれています。両方の音を大切に演奏しましょう。ウッドブロックは1拍目3拍目も叩きます。

❸ 鍵盤ハーモニカ、木琴

なめらかに大きなフレーズを表現しましょう。

木琴は「ンパパパ／ンパパパ」と言いながら、ピアノと一緒に練習してもよいでしょう。

♫ひまわりの約束

おおらかな気持ちで ♩=80
鍵盤ハーモニカ
鉄琴
木琴
きれいな音色でたっぷり鳴らしましょう
トライアングル
鈴
カスタネット
タンブリン
シンバル
ウッドブロック
小太鼓
大太鼓
C G/B F/A C/G G/B Am Em/G F C G/B
ピアノ
1.どうしてー きみ
ドラファ
ソド ソシ
6
鍵ハ
鉄琴
木琴
トライ
鈴
カスタ
タンブ
シンバル
ウッド
小太鼓
大太鼓
F/C C G/B Am G/B F/C Fm/C G/B G C G/B
ピアノ
がなくのー まだ ぼくもないていな ーいのにー じぶんよーり かな

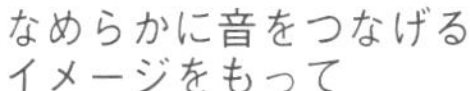

なめらかに音をつなげる
イメージをもって

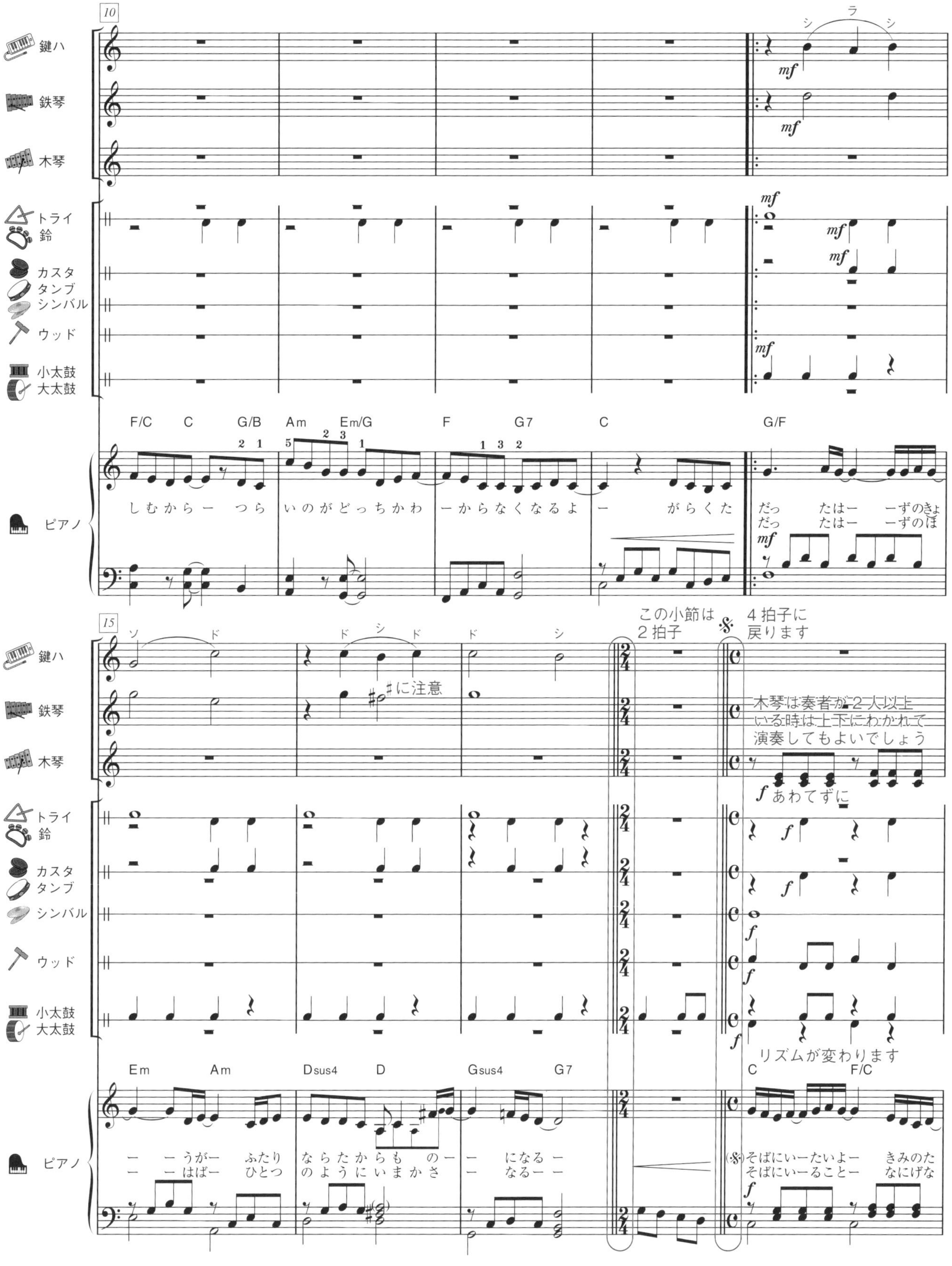

10

鍵ハ
鉄琴
木琴
トライ
鈴
カスタ
タンブ
シンバル
ウッド
小太鼓
大太鼓
ピアノ

シ ラ シ

mf

F/C C G/B Am Em/G F G7 C G/F

しむからー つら いのがどっちかわ ーからなくなるよ ー がらくた だっ たはー ーずのきょ
だっ たはー ーずのぼ

15

ソ ド ド シ ド ド シ

この小節は
2拍子

𝄋 4拍子に
戻ります

#に注意

木琴は奏者が2人以上
いる時は上下にわかれて
演奏してもよいでしょう

f あわてずに

リズムが変わります

Em Am Dsus4 D Gsus4 G7 C F/C

ー ーうがー ふたり ならたからも のー ー になる ー (𝄋)そばにいーたいよー きみのた
ー ーはばー ひとつ のようにいまかさ ー なるーー そばにいーることー なにげな

♫ひまわりの約束

5歳児 ひまわりの約束

28
ソ ♯ソ ラ ラ シ ラ ソ ソ ド シ ♯ソ
to Φ
鍵ハ
鉄琴
音がとびます
木琴
トライ
鈴
カスタ
タンブ
シンバル
ウッド
小太鼓
大太鼓
G/B E/G♯ Am Gm/B♭ C F/C E/B
ピアノ
ーなそーのやーさしーさを ー ぬくーもりを ぜ ーんぶー こ れからーはぼーくもと
ーなそーのやーさしーさを ー ぬくーもりを ぜ ーんぶー か えしたーいけれどーき
32
ラ ド ラ ソ ファ 1.ファ ソ ファ ミ
mp
Am F♯m7(♭5) F F/A♭ G7 Csus4 C C G/B
どけてーいきーたい こ こにあーるしーあわーせに ー きづいたーから ー 2.とおくでー とも
みのこーとだーから も うじゅうーぶんーだよーって

♫ひまわりの約束
37
鍵ハ
鉄琴
木琴
トライ
鈴
カスタ
タンブ
シンバル
ウッド
小太鼓
大太鼓
ピアノ
F/C C G/B Am G/B Fm/C G C G/B F/C G/B
るみらいー もし もぼくらーがはな ーれてもー それぞれー ある いていくー その
42
2.ファ ソ ファ ミ
Am G/B F/C G7 C Fm/A♭ G7 Csus4 C
さきでまーたであ ーえるとしんじて ー ちぐはぐ ー きっというかな ー

5 歳児 ひまわりの約束

Coda
47
48
ラ ド ラ ソ ファ ファ ソ ファ ミ
鍵ハ
鉄琴
木琴
トライ
鈴
カスタ
タンブ
シンバル
ウッド
小太鼓
大太鼓
𝄋のfへ向かって
G あわてずに
Am F♯m7(♭5) F Fm/A♭ G7 Csus4
どけてー いきーたい ほ んとうのしー あわー せの ー いみをみつけたー から ー
ピアノ
ここから𝄋に戻り D.S.
to Coda で Coda へとびます
52
p
C G/B F/A C/G G/B Am Em/G F rit. C

ひとつの曲を各年齢で

おつかいありさん 2~3歳児

作詞♪関根栄一　作曲♪團　伊玖磨

演奏時間 約50秒

難易度 ★☆☆

模範演奏

ピアノ伴奏

楽器編成の目安（20人の場合）

- 鈴 ……… 7人
- カスタネット ……… 6人
- タンブリン ……… 7人

ねらい

- ●ピアノのはねたリズムを楽しむ。
- ●アリさんの動きを音楽にのって表現する。

演奏のポイント

リズムパターンの切り変わりが速い曲です。楽器同士の演奏をよく聞きあい、軽快な音楽を楽しんで演奏しましょう。

合奏指導の進め方

❶ 3 種類のリズムパターンを知ろう。

①9小節目～（あんまりいそいで）

鈴とカスタネットは１拍目が休符であることに注意しましょう。また、タンブリンと交互に演奏するので、お互いをよく聞きあいます。

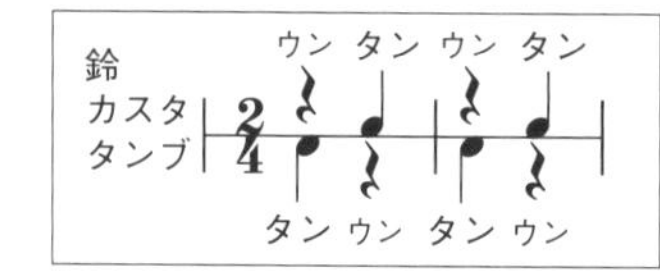

② 11 小節目（こっつんこ）

２人一組に向かいあって最初は拍手をし、「こっつんこ」で手を打ちあわせてみるとよいでしょう。

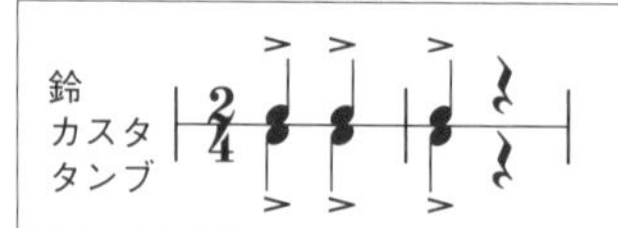

③ 17 小節目～(あっちいってちょんちょん)

冒頭と同じように、鈴とカスタネット、タンブリンで分かれます。1小節まるごと(2拍分）休符があることに注意します。

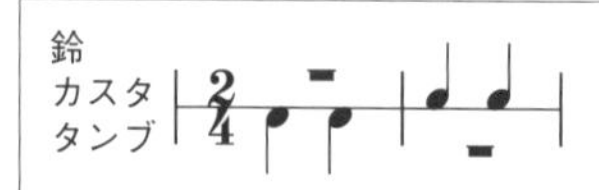

♫おつかいありさん［2〜3歳児］

おつかいありさん 4~5歳児

作詞♪関根栄一　作曲♪團　伊玖磨

演奏時間 約50秒

難易度 ★☆☆

模範演奏

ピアノ伴奏

楽器編成の目安（30人の場合）

楽器	人数
鈴	8人
カスタネット	5人
タンブリン	6人
小太鼓	2人
大太鼓	1人
鉄琴	2人
木琴	2人
鍵盤ハーモニカ	4人

ねらい

- 他の楽器演奏にも耳を傾ける。
- 音に強弱の変化を感じる。

演奏のポイント

短い曲の中ですが、アクセント記号などが多くあります。ここに気をつけて演奏しましょう。

合奏指導の進め方

❶ 各小節のリズムを知ろう

- 1～3小節目
  すべての楽器が同じリズムを演奏します。ズレないように注意しましょう。

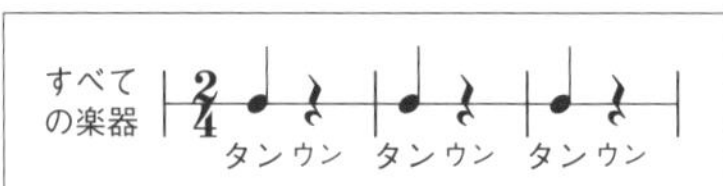

- 9小節目～
  「こっつんこ」の箇所はアクセントがついていることに注意します。

- 17小節目～（あっちいってちょんちょん）
  鈴とカスタネット、タンブリンと小太鼓、大太鼓でブロックが分かれます。休符の感覚を身につけましょう。

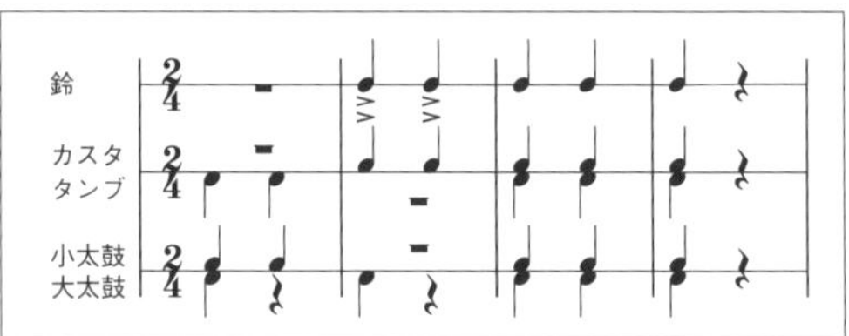

❷ 鉄琴、木琴、鍵盤ハーモニカのパート

このパターンを練習しましょう。

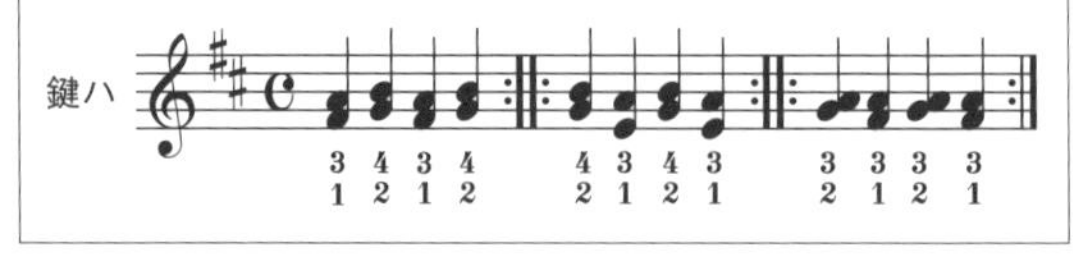

♫おつかいありさん［4～5歳児］

♫おつかいありさん［4～5歳児］

にじ 2~3歳児

作詞♪新沢としひこ　作曲♪中川ひろたか

模範演奏

ピアノ伴奏

演奏時間 約4分5秒

難易度 ★★☆

楽器編成の目安（20人の場合）

楽器	人数
鈴	7人
カスタネット	6人
タンブリン	7人

- 強弱の変化を楽しむ。
- 空にかかった大きな虹を想像して演奏する。

演奏のポイント

12拍子の曲です。「タタタ / タタタ / タタタ / タタタ」、と細かい拍のようですが、大きな4拍子としてとらえます。

合奏指導の進め方

※この曲は以下の解説では、本来は1拍目、4拍目、7拍目、10拍目というところを、1拍目、2拍目、3拍目、4拍目と記載しています。

① 曲全体について

細かい拍ですが、大きな4拍子としてとらえます。
その1拍が3つに分かれるというふうに演奏しましょう。

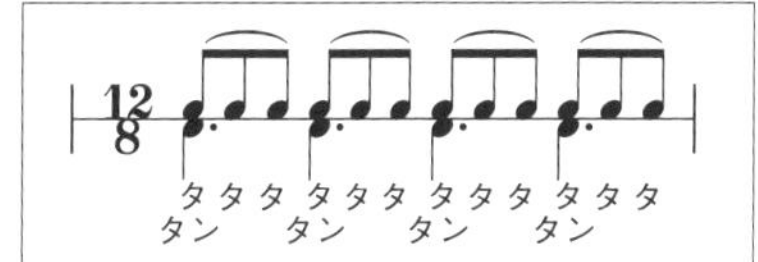

② 鈴、カスタネットのパート

基本となるリズムは、3拍間休んで4拍目に叩くリズムです。
しっかりと3拍間の休符を感じて演奏しましょう。

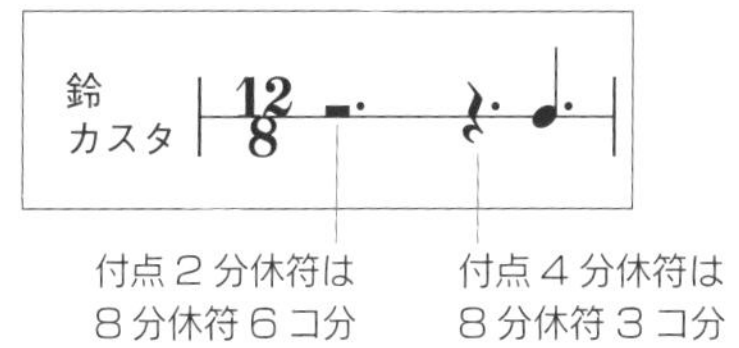

③ タンブリンのパート

17小節目からのサビでは、パターンが変化します。
「タン / ター タ / タン / ウン」、という風に2拍目の部分が2つに分かれます。前述の通り、1拍が3つに分かれ、その1つ目と3つ目に演奏することになります。

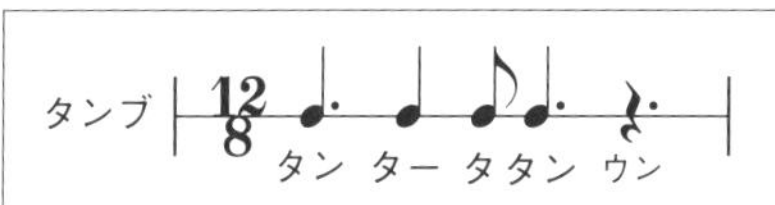

♫にじ［2～3歳児］

ひとつの曲を各年齢で
にじ［2～3歳児］

12
鈴
カスタ
タンブ
ピアノ
mp
1 2 3 4
Dm C/G G C G Am Em
くしゃみをひとつ くもがながれて ひかりがさして
15
サビに向かってもりあげて
リズムが変わります
f
F C Gsus4 G C G/B Am7 Em
みあげてみればー (𝄋)ラ ラ ラ にじがにじが そらにかかってー
19
F C/E D7 Gsus4 G C G/B Am7 Em
きみのきみの きぶんーもはれてー きっとあしたはー いいてんきー

23
to
1.
鈴
カスタ
タンブ
F C/E D7 G C F C/E Dm7 G C/G G
ピアノ
きっ と あし た は い いてん き
きっ と あし た は い いてん き
役割が交代します
27
2.
mf
C Em Dm7 Gsus4 G C C♯dim
ミ
レ
ド
31
p
Dm7 C/E D/F♯ G
ソレシ

35
鈴
カスタ
タンブ
ピアノ
C G/B Am Em/G F C/E D7 Gsus4 G
3.あのこの えんそくー い ちに ちのびてー な みだ かわいてー く しゃみ をひとつー
p
1 3 5 ソミド
1 3 5 ソレシ
39
C G/B Am Em/G F C/E
く もが ながれてー ひ かり がさしてー み あげ てみればー
ここから 𝄋 に戻り
to 𝄌 で 𝄌 Coda へとびます
D.S.
𝄌 Coda
42
D7 G C C G/B Am7 Em
い い てん き に じが にじが そ らに かかってー

鈴
カスタ
タンブ
ピアノ
F C/E D7 Gsus4 G C G/B
きみのきみの きぶんーもはれてー きっとあしたはー
Am Em F C/E D7 G C C Dm
いいてんきー きっとあしたは いいてんき
ト音記号に変わります
rit.
Em F C/E Dm7 G C F/C C
だんだんおそく
音がとびます
へ音記号です

にじ 4~5歳児

作詞♪新沢としひこ　作曲♪中川ひろたか

演奏時間 約4分5秒

難易度 ★★☆

模範演奏

ピアノ伴奏

楽器編成の目安（30人の場合）

楽器	人数
鈴	5人
カスタネット	5人
タンブリン	5人
トライアングル	5人
小太鼓	2人
鉄琴	4人
木琴	4人

●のびのびした演奏を楽しむ。

軽やかにのびやかな演奏を心がけましょう。

合奏指導の進め方

※この曲は以下の解説では、本来は１拍目、４拍目、７拍目、10拍目というところを、１拍目、２拍目、３拍目、４拍目と記載しています。

●曲全体については、２～３歳児と同様です（P.191 参照）。

❶ 小太鼓のパート

特徴的なリズムパターンは、17 小節目のサビからのパターンです。１拍目も３つに分かれ、２拍目も３つに分かれた、「タンタ / タンタ / タン / ウン」というリズムです。

❷ 鉄琴のパート

17 小節目からのサビで登場します。大きな虹がかかったイメージで、響かせながらのびのびと演奏しましょう。

❸ 木琴のパート

木琴も 17 小節目のサビからの登場です。小太鼓のリズム（２拍目）とも、鈴とカスタネットのリズム（４拍目）とも共通点があるので、他のパートも聞くような気持ちで演奏しましょう。

♫にじ［4〜5歳児］

のびのびと ♩.=80
鉄琴
木琴
鈴
カスタネット
タンブリン
トライアングル
小太鼓
ピアノ
大きな4拍子ととらえます
左手音部記号に注意
ヘ音記号です
きれいに響かせて
メロディーを丁寧に
1. にわのシャベルが
2. せんたくものが
左手は小指を始点にポジションを移動するとよいでしょう

鉄琴
木琴
鈴
カスタ
タンブ
トライ
小太鼓
ピアノ
あわてずに。休符をしっかり感じて
Am Em F C/E Dm C/G G C G Am Em
いちにちぬれて あめがあがって くしゃみをひとつ くもがながれて ひかりがさして
いちにちぬれて かぜにふかれて くしゃみをひとつ くもがながれて ひかりがさして
大きな虹がかかったイメージで
ソ ラ ソ ミ ソ ラ ソ ラ
サビにむかってもりあげて
交互に鳴らします
特徴的なリズムです
F C Gsus4 G C G/B Am7 Em F C/E
みあげてみればー ラ ラ ラ にじがにじが そらにかかってー きみのきみの
みあげてみればー ラ ラ ラ にじがにじが そらにかかってー きみのきみの

♫にじ［4～5歳児］

20

レ ソ ソ ラ ソ ミ ソ ラ ソ ラ to Φ レ ド

鉄琴

音をつなげるイメージをもって

木琴

鈴

カスタ

タンブ

トライ

小太鼓

D7 Gsus4 G C G/B Am7 Em F C/E D7 G C

ピアノ

きぶんーもはれてー きっとあしたはー いいてんきー きっとあしたは いいてんき

きぶんーもはれてー きっとあしたはー いいてんきー きっとあしたは いいてんき

25

1. 2.

ド レ ド ド シ ド レ ファ ミ ファ

鉄琴

mf

木琴

mf 鉄琴とよくあわせましょう

mf

鈴

カスタ

役割が交代します

mf

mf

タンブ

トライ

小太鼓

mf

F C/E Dm7 G C/G G C Em Dm7 Gsus4 G

ミ レ ド

ピアノ

mf

30
鉄琴
木琴
鈴
カスタ
タンブ
トライ
小太鼓
ピアノ
ソ ミ ファ ミ ファ レ ミ レ ミ
C C♯dim Dm7 C/E D/F♯
34
p
G C G/B Am Em/G F C/E D7 Gsus4 G
ソレシ
3. あのこの えんそくー いちに ちのびてー なみだ かわいてー くしゃみをひとつー
1 ソ 3 ミ 5 ド
1 ソ 3 レ 5 シ

Coda
39
42
鉄琴
木琴
鈴
カスタ
タンブ
トライ
小太鼓
ピアノ
レ ド
C G/B Am Em/G F C/E D7 G C
くもが ながれてー
ひかり がさしてー
み あげ てみればー
い いてん き
ここから 𝄋 に戻り D.S.
to 𝄌 で 𝄌Coda へとびます
43
ソ ラ ソ ミ ソ ラ ソ ラ レ ソ
C G/B Am7 Em F C/E D7 Gsus4 G
に じが にじが
そ らに かかってー
き みの きみの
き ぶんーもはれてー

鉄琴
木琴
鈴
カスタ
タンブ
トライ
小太鼓
ピアノ
ソ ラ ソ
ミ ソ
ラ ソ ラ
レ ド
C G/B Am Em F C/E D7 G C
きっ と あしたはー
い い てんきー
きっ と あした は
い いてん き
ト音記号に
変わります
rit.
mp
p
ピアノにあわせて
丁寧に
C Dm Em F C/E Dm7G C F/C C
ミ ミ ミ レ レ ド レ
ミ ソ シ ラ ド
ラ
音がとびます
ヘ音記号です

ぼくのミックスジュース 3歳児

作詞♪五味太郎　作曲♪渋谷　毅

演奏時間 約2分5秒

難易度 ★★☆

模範演奏

ピアノ伴奏

楽器編成の目安（20人の場合）

楽器	人数
鈴	6人
カスタネット	6人
タンブリン	5人
トライアングル	3人

ねらい

- 元気よく演奏することを楽しむ。
- 大きな音、小さな音の違いに気づく。

演奏のポイント

基本的に４拍子の曲です。２拍目４拍目を意識して楽しく演奏しましょう。

合奏指導の進め方

❶ 休符を含むリズム

１拍目や３拍目に休符があったりと、休符を含んだリズムが全パートにあります。最初は手拍子でリズムに慣れましょう。

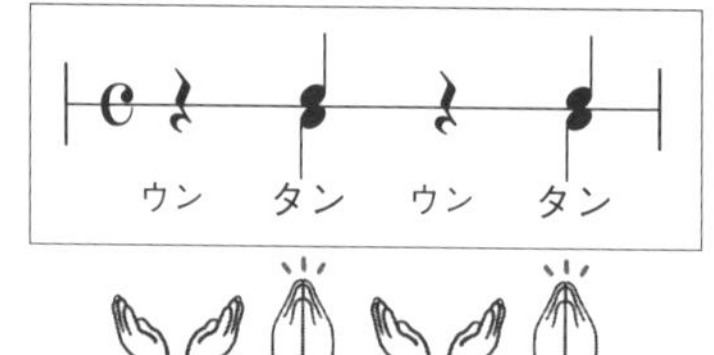

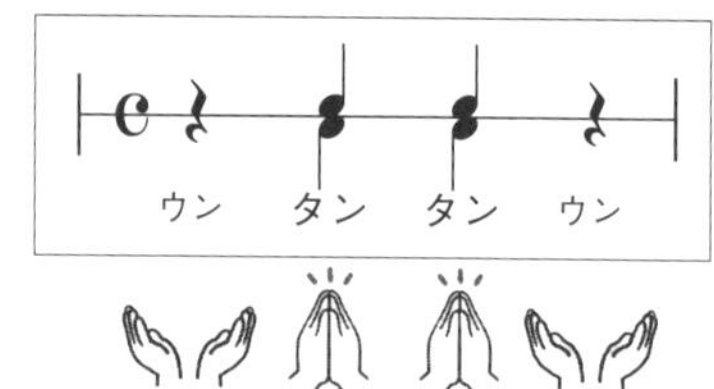

❷ ８分音符のリズム

16小節目からの４小節間は、カスタネットに８分音符を含むリズムパターンがあります（５歳児ではカスタネットと小太鼓）。最初は手拍子でリズムに慣れましょう。

❸ 音の強弱

20小節目から２小節間、クレッシェンド記号があります。音量を小さくしてからだんだん大きくしていき、音の強弱を楽しみましょう。

♫ぼくのミックスジュース［3歳児］

♫ぼくのミックスジュース［3歳児］

ひとつの曲を各年齢で
ぼくのミックスジュース［3歳児］

ぼくのミックスジュース 5歳児

作詞♪五味太郎　作曲♪渋谷　毅

演奏時間 約2分5秒

難易度 ★★☆

模範演奏

ピアノ伴奏

楽器編成の目安（30人の場合）

楽器	人数
鈴	5人
カスタネット	4人
タンブリン	5人
トライアングル	3人
小太鼓	3人
大太鼓	2人
ウッドブロック	2人
シンバル	2人
鉄琴	2人
木琴	2人

ねらい

- リズムパターンの変化を楽しむ。
- 大きな音、小さな音の違いを意識する。

演奏のポイント

構成によって異なるリズムパターンを覚えましょう。また、フェルマータ（しっかり音を保って任意の長さで）にも注意を。

合奏指導の進め方

- 「休符を含むリズム」「8分音符のリズム」「音の強弱」については、3歳児と同様です。（P.204参照）

❶ 鉄琴のパート

8小節目からのフレーズは、次の音につなげる気持ちで演奏しましょう。

なめらかに。

16小節目からのフレーズは、ひとつひとつの音を大切に、高らかに美しく鳴らしましょう。

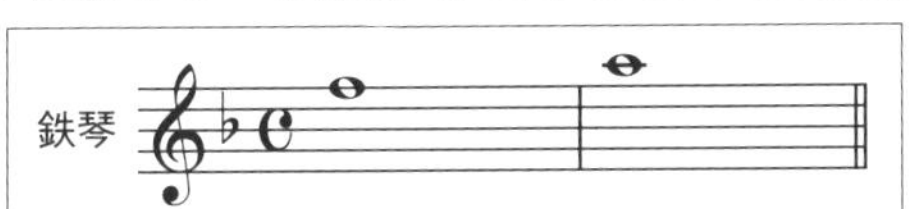

ここからはつなぐ意識より、きちんと鳴らす意識で！

❷ 木琴のパート

16小節目からの4分音符は、他のパート（特に、ウッドブロックや保育者のピアノ）をよく聞きながら、息をあわせてひとつひとつの音を大切に演奏しましょう。

決してあわてず、丁寧に。

♫ぼくのミックスジュース［5歳児］
軽やかに ♩=128
黒鍵に注意
鉄琴
木琴
鈴
カスタネット
タンブリン
トライアングル
ウッドブロック
シンバル
小太鼓
大太鼓
ピアノ
半音ずつあがっていきます
F
F♯
G
Cdim/A♭ G
鈴
カスタ
タンブ
トライ
ウッド
シンバル
C
1. おはようさんの おおごええと
2. ともだちなかよし おうたごえと
3. あのねーそれでねの おはなしと

♫ぼくのミックスジュース［5歳児］

♫ぼくのミックスジュース［5歳児］

カエデの木のうた 2~3歳児

作詞♪三浦徳子　作曲♪つんく

演奏時間 約2分40秒

難易度 ★★★

模範演奏

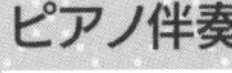

ピアノ伴奏

楽器編成の目安(20人の場合)

楽器	人数
鈴	5人
カスタネット	6人
タンブリン	5人
小太鼓	4人

ねらい

- 大きな木を思い浮かべながら演奏を楽しむ。
- ゆったりとしたリズムを感じる。

演奏のポイント

軽やかな3拍子の曲です。途中で速くならないように注意しながら演奏しましょう。

合奏指導の進め方

1 全体のリズムを知ろう

ピアノに合わせて「イチ、ニイ、サン」と拍を言いながら手拍子しましょう。

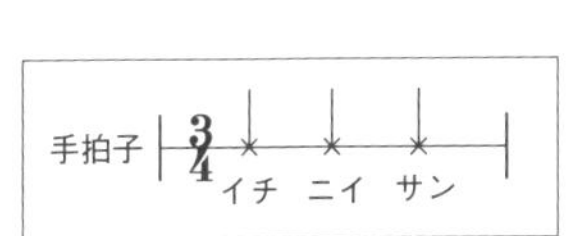

2 小節ごとのリズムを知ろう

- 9～40小節目

最初は1拍目を叩けるようにしましょう。

- 25～40小節目

カスタネットと小太鼓が、交互に2拍目と3拍目を叩くリズムで加わります。

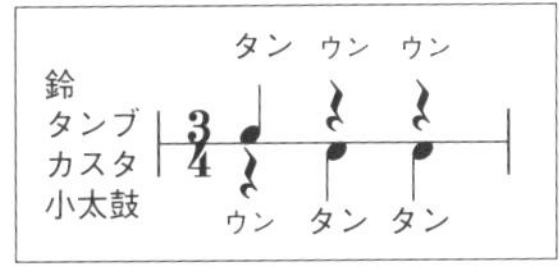

小太鼓は33小節目からはじまります(25～32小節は休み)。
カスタネットは33小節目から休み。

- 41～58小節目

4小節で1パターンです。4小節目は3拍すべて叩きます。

- 59～75小節目

4分音符のみのシンプルなリズムですが、鈴とタンブリンは少しずつリズムパターンが変わります。楽器の組み合わせも変化していきます。

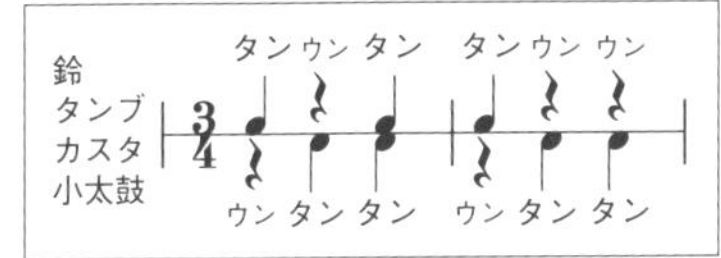

♫カエデの木のうた［2～3歳児］

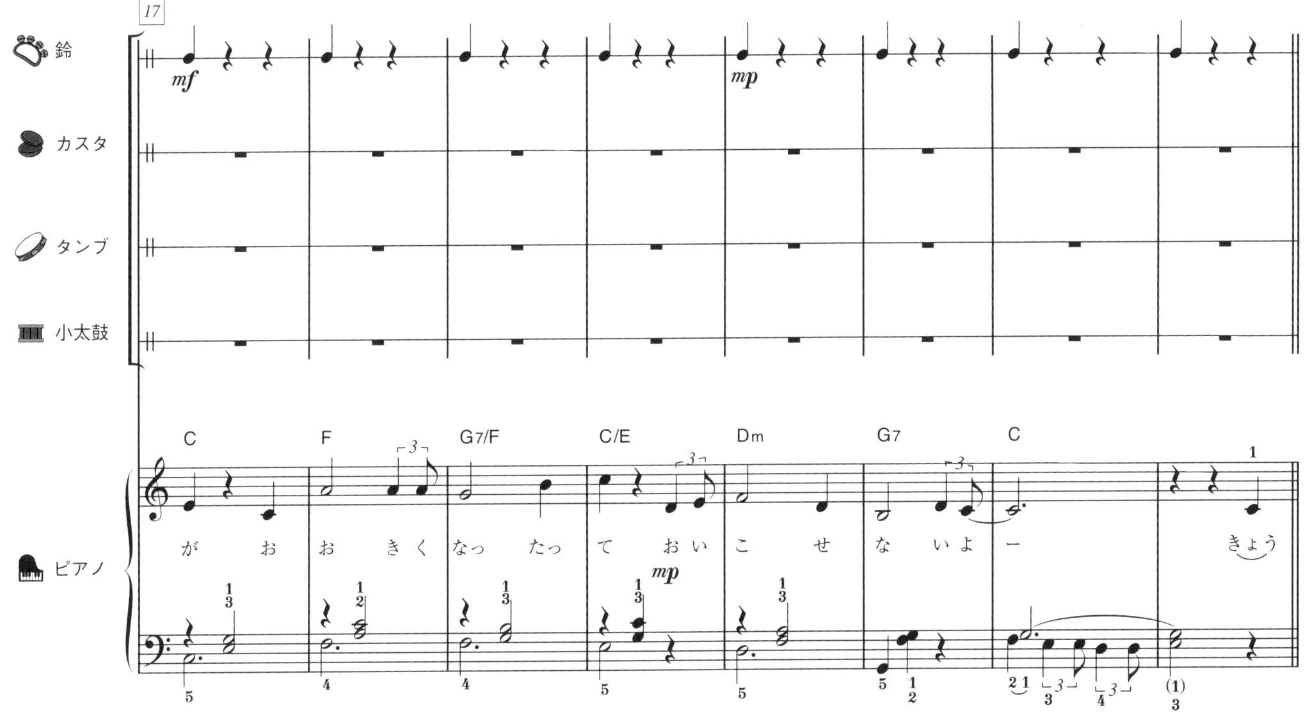
17
鈴
カスタ
タンプ
小太鼓
ピアノ
mf
mp
C
F
G7/F
C/E
Dm
G7
C
が お お き く なっ たっ て お い こ せ な い よ ー きょう

25
鈴とカスタネットの組みあわせです
鈴の1拍目をよく聞きましょう
鈴
カスタ
タンプ
小太鼓
ピアノ
mf
F
G7/F
Em
Am
Dm
G
は はっ ぱ が き ら き ら ー の う た う た ー って あ げ る
は たん じょう ー び の ー ー う た を う た ー って あ げ る

♫カエデの木のうた［2～3歳児］

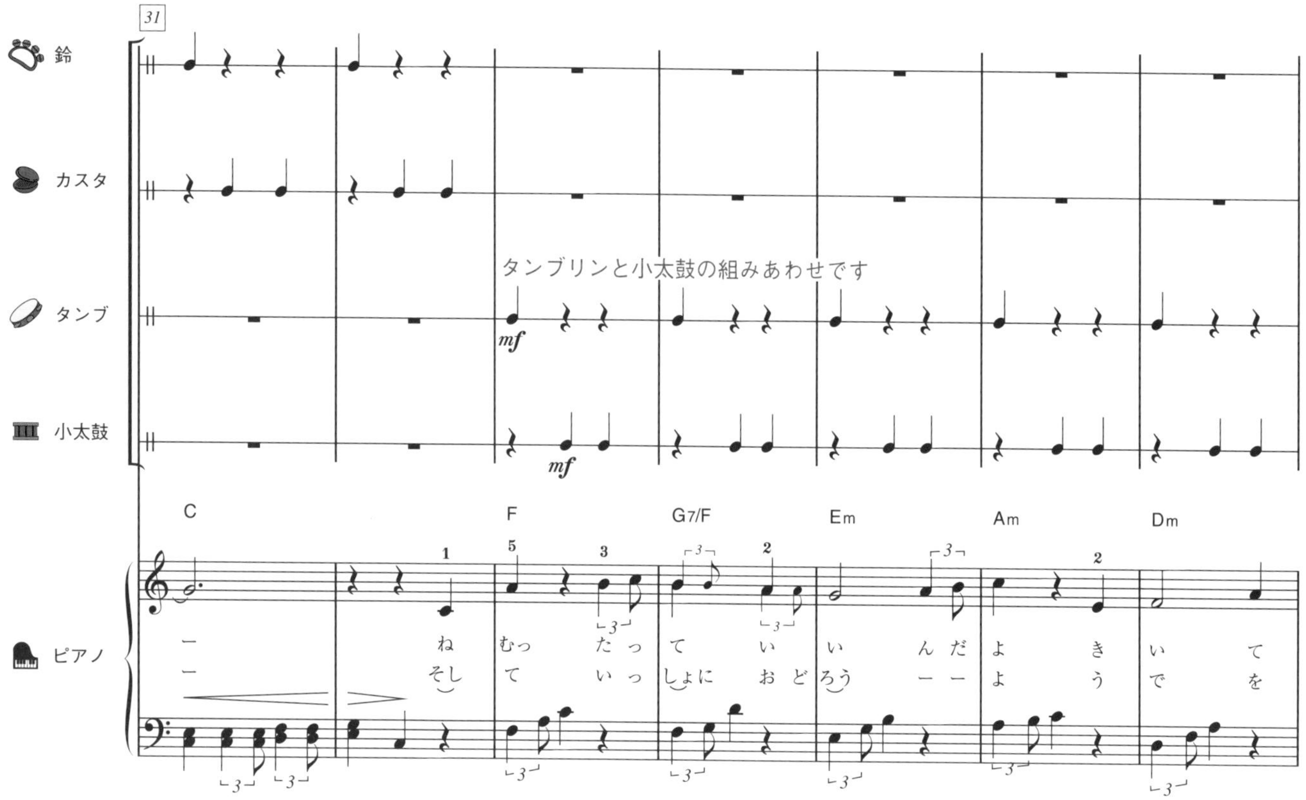
31
鈴
カスタ
タンブ
小太鼓
ピアノ
タンブリンと小太鼓の組みあわせです
mf
C F G7/F Em Am Dm
ー ね むっ たっ て い い んだ よ き い て
ー そし て いっ しょに おど ろう ーー よ う で を

38
鈴
カスタ
タンブ
小太鼓
ピアノ
鈴とタンブリンで同じリズムです。
2拍目の休符をしっかり感じましょう
mp
4小節で1パターンのリズムです
4小節ごとに
3拍鳴らす
リズムです
G C C F G7 C
いく てん ね ー ほ く の とし の な ん ば い も い き
く ん で ー ほ く の せ い の な ん ば い も お お
mp

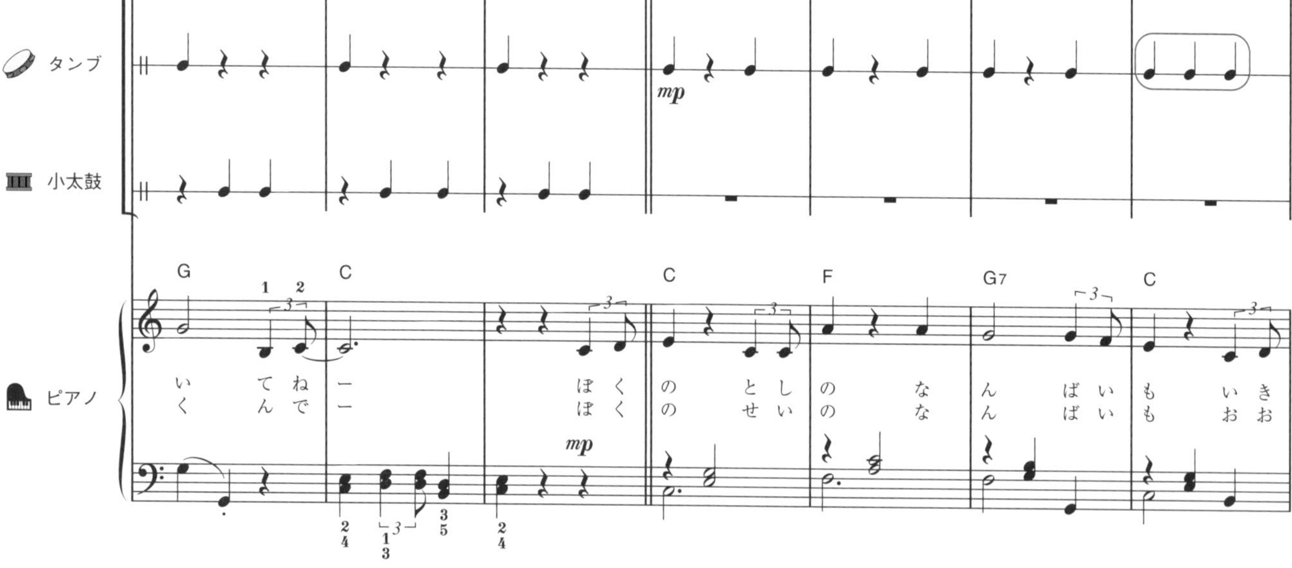

45
鈴
カスタ
タンブ
小太鼓
ピアノ
Am Dm/F C/G G C F Em F♯m A7
♯ド
て る カ エ デ の き ー う ま れ た の は い つ か な ー そ っ
き な か え で の き ー ず っ と ず っ と こ う し て ー お は
53
1. 2.
2小節ごとに
組みあわせが変わります
Dm G C C C F
と お し え て ー きょう ー も し も と お く
な し し よ う

♫カエデの木のうた［2～3歳児］

カエデの木のうた 4~5歳児

作詞♪三浦徳子　作曲♪つんく

演奏時間 約2分40秒

難易度 ★★★

模範演奏

ピアノ伴奏

楽器編成の目安（30人の場合）

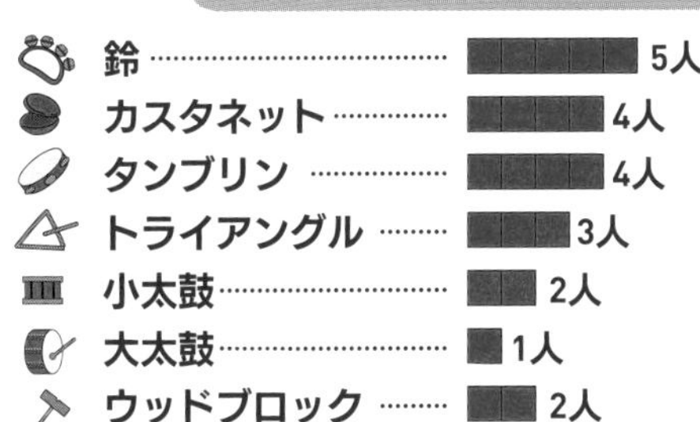

楽器	人数
鈴	5人
カスタネット	4人
タンブリン	4人
トライアングル	3人
小太鼓	2人
大太鼓	1人
ウッドブロック	2人
シンバル	1人
鉄琴	2人
木琴	2人
鍵盤ハーモニカ	4人

ねらい

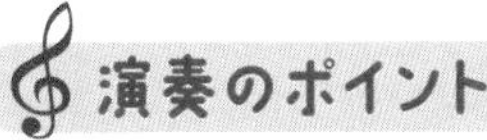

- いろいろな楽器の音色に気づく。
- 全員と音をあわせることを楽しむ。

演奏のポイント

複数のリズムパターンで構成されている曲です。3拍子を意識しながらゆったりと演奏しましょう。

合奏指導の進め方

❶ 基本のリズムパターンはシンプルな3拍子です。

1～16小節目までは、鈴とカスタネットが1拍目、タンブリンが2、3拍目を受け持ちます。

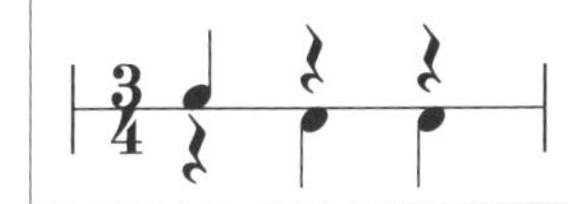

17小節目からは、鈴とトライアングル1拍目、ウッドブロック2、3拍目というように、楽器の組みあわせが変化していきます。

❷ 小太鼓、大太鼓のリズムパターン

25小節目から大太鼓と小太鼓が加わります。大太鼓の1拍目をターンタと叩くのが、むずかしいときは、4分音符1拍でもよいです。

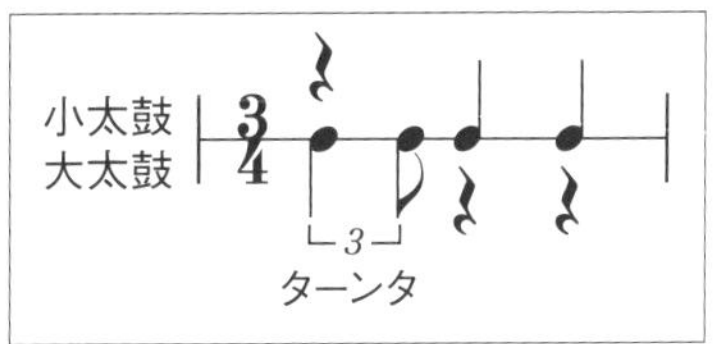

❸ 鉄琴、木琴

使う音

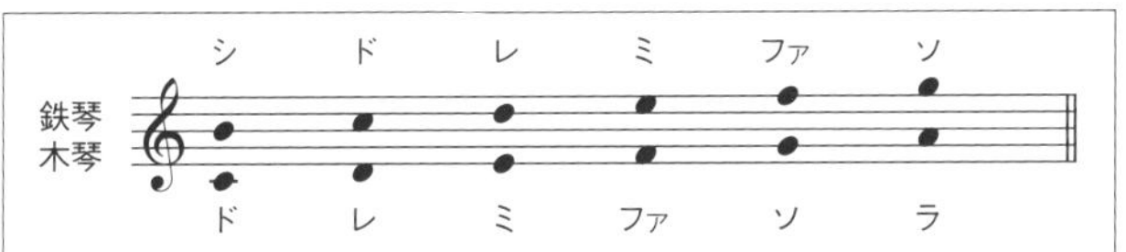

❹ 鍵盤ハーモニカ

使う音

♫カエデの木のうた［4～5歳児］

♫カエデの木のうた［4～5歳児］

鍵盤ハーモニカ１と２で和音を弾きます

カエデの木のうた［4〜5歳児］

25

鍵ハ 1 2

鉄琴

木琴

鈴
カスタ

タンブ
トライ

ウッド

シンバ

小太鼓
大太鼓

むずかしい場合は４分音符を１拍叩いてもよいでしょう

F　G7/F　Em　Am　Dm　G

ピアノ

はは　はっぱが　きらきら　ーのう　た　うた　ーって　あ　げる
はは　たん　じょうーび　のーーうた　を　うた　ーって　あ　げる

31

鍵盤ハーモニカ１と２で和音を弾きます

ソ　ラ　ソ　ラ　シ　ソ　ド　ラ
ミ　ファ　ド　レ　ミ　ミ　ファ

鍵ハ 1 2

鉄琴

木琴

鈴
カスタ

タンブ
トライ

ウッド
シンバ

小太鼓
大太鼓

C　F　G7/F　Em　Am　Dm

ピアノ

ー　ね　むっ　たっ　て　い　い　んだ　よ　き　い　て
ー　そし　て　いっ　しょに　おど　ろう　ーー　よ　う　で　を

38

鍵ハ 1 2 　シ ソ ラ シ ド／ファ ミ ファ レ ミ

鉄琴

木琴

鈴 カスタ　*mp*

タンブ トライ　*mp*

ウッド シンバ

小太鼓 大太鼓

ピアノ　G C C F G7 C

いてねー　ぼくの　としの　なんばいも　いき
くんでー　ぼくの　せいの　なんばいも　おお

mp

45

鍵ハ 1 2 　*mp* ソ ラ／*mp* ミ ファ

鉄琴

木琴

鈴 カスタ　*tr*　3拍目の休符はしっかり音をとめます

タンブ トライ

ウッド　*mp*

シンバ　*mp*

小太鼓 大太鼓

ピアノ　Am Dm/F C/G G C F

てる　カエデの　きー　うまれたの　はい
きな　カエデの　きー　ずっとずっと　とこ

♫カエデの木のうた［4～5歳児］

51

鍵ハ1 2
鉄琴
木琴
鈴
カスタ
タンブ
トライ
ウッド
シンバ
小太鼓
大太鼓
ピアノ

ソ ミ ラ ミ ラ ファ シ ソ ファ ド ミ ファ ド ミ

p mp

1.

Em A7 Dm G C

♯ド

つう かしなて ー そっ と おし しえて ー きょう

つう かしなて ー おは なおし しよう ー

57

2.

ド ミ ファ ド ミ

mp

C C F G7/B C

ー もし も と おく に いって も ゆめ

63
鍵ハ 1 2
鉄琴
木琴
鈴 カスタ
タンブ トライ
ウッド
シンバ
小太鼓 大太鼓
ピアノ
Am
Dm/F
C/G
G
C
F/C
に で て き て く れ る か な き も ち い い か ぜ
69 全員でクライマックスへ
おちついて最後にむかいます
1 拍目が遅れないように
3 拍目の休符 音をとめます
ピアノの メロディーを よく聞いて
A7
黒鍵に注意
Dm
ふ か せ て ゆ め の な か で も ー
丁寧に

♫ 監修・編曲

土屋真仁（つちや　まさひと）

東京音楽大学、作曲／映画・放送音楽コース（現：ミュージック・メディアコース）卒業。東京音楽大学専任講師。日本ソルフェージュ研究協議会会員。
作曲家グループ「ベアグラウンド」のメンバーとして 2016 年4月より放送開始のNHK「おかあさんといっしょ」内の人形劇「ガラピコぷ～」オープニングテーマ、および劇伴音楽などを担当。加えて「おかあさんといっしょファミリーコンサート」（全国で開催）なども手掛けている。

●本書編曲　P.31、49、60、67、83、107、118、130、135、146、151、172、179、191、197、204、207

STAFF

カバーイラスト……………ひの　あけみ
カバー・本文デザイン…谷　由紀恵
本文 DTP…………………有限会社 ゼスト
本文イラスト………………石崎伸子
楽譜浄書……………………株式会社 ホッタガクフ
音源制作……………………有限会社 トリゴ
編集協力……………………株式会社 スリーシーズン、大道寺ちはる
編集担当……………………原　智宏（ナツメ出版企画株式会社）

♫ 編曲

北　るみ子（きた　るみこ）

桐朋学園大学ピアノ科卒業。スタジオミュージシャンとしてSMAPをはじめ数々のレコーディングに参加。『エヴァンゲリオン』の全アルバムに参加。更にaiko、MISIAなど多数のピアノアレンジ本を著述している。

●本書編曲　P.14、16、18、25、28、34、37、41、46、53、56、74、77

田中　研（たなか　けん）

東京藝術大学音楽学部声楽科卒業。コーラスグループ「アンサンブル・コノハ」メンバー。保育園や美術館での児童向け出張演奏多数。歌の他、ピアノ演奏や作編曲なども手掛けている。

●本書編曲　P.20、89、94、103、126、186、188

松岡佳歩（まつおか　かほ）

東京藝術大学作曲科卒業。 作曲を小倉啓介、安良岡章夫、森垣桂一、斉木由美の各氏に、ピアノを平岡学、故 藤井孝子、川辺千香子の各氏に師事。クラシック音楽を軸に作編曲を手掛けている。

●本書編曲　P.22、99、114、140、159、166、211、217

子どもの笑顔がはじける
2～5歳児のかんたん器楽合奏曲集

2022 年 10 月 1 日　初版発行

監　修　土屋真仁　　Tsuchiya Masahito, 2022
発行者　田村正隆
発行所　株式会社ナツメ社
東京都千代田区神田神保町 1-52　ナツメ社ビル1F（〒101-0051）
電話 03（3291）1257（代表）
FAX 03（3291）5761
振替 00130-1-58661
制　作　ナツメ出版企画株式会社
東京都千代田区神田神保町 1-52　ナツメ社ビル3F（〒101-0051）
電話 03（3295）3921（代表）
印刷所　大日本印刷株式会社

ISBN978-4-8163-7267-4　　Printed in Japan
JASRAC 出 2206653-201

本書に関するお問い合わせは、
書名・発行日・該当ページを明記の上、
下記のいずれかの方法にてお送りください。
電話でのお問い合わせはお受けしておりません。
• ナツメ社 web サイトの問い合わせフォーム
https://www.natsume.co.jp/contact
• FAX（03-3291-1305）
• 郵送（左記、ナツメ出版企画株式会社宛て）
なお、回答までに日にちをいただく場合があります。
正誤のお問い合わせ以外の書籍内容に関する解説・個別の相談は行っておりません。あらかじめご了承ください。